" MONOGATARI TO NIHONJIN NO KOKORO " KOREKUSHON
V : MUKASHIBANASHI TO GENDAI
by Hayao Kawai , edited by Toshio Kawai
©2017 by Kawai Hayao Foundation
with commentary by Keiko Iwamiya
Originally published in 2017 by Iwanami Shoten , Publishers , Tokyo .

This simplified Chinese edition published 2024
by SDX Joint Publishing Co . Ltd , Beijing
by arrangement with Iwanami Shoten , Publishers , Tokyo

物语与日本人的心灵

民间传说 与 现代
人的深层心理

MUKASHIBANASHI TO GENDAI

[日] 河合隼雄 著
河合俊雄 编
吴松梅 译

Simplified Chinese Copyright © 2024 by SDX Joint Publishing Company.
All Rights Reserved.
本作品简体中文版权由生活·读书·新知三联书店所有。
未经许可，不得翻印。

图书在版编目（CIP）数据

民间传说与现代人的深层心理 /（日）河合隼雄著；
（日）河合俊雄编；吴松梅译 . —北京：生活·读书·
新知三联书店，2024.3
ISBN 978-7-108-07744-8

Ⅰ .①民… Ⅱ .①河… ②河… ③吴… Ⅲ .①心理学
Ⅳ .① B84

中国国家版本馆 CIP 数据核字 (2023) 第 227204 号

特邀编辑	张艳华
责任编辑	张　龙
装帧设计	刘　洋
责任校对	张　睿
责任印制	李思佳

出版发行　生活·讀書·新知 三联书店
　　　　　（北京市东城区美术馆东街 22 号 100010）

网	址	www.sdxjpc.com
图	字	01-2019-4093
经	销	新华书店
印	刷	河北松源印刷有限公司
版	次	2024 年 3 月北京第 1 版
		2024 年 3 月北京第 1 次印刷
开	本	635 毫米 × 965 毫米 1/16 印张 10.75
字	数	128 千字
印	数	0,001 – 4,000 册
定	价	45.00 元

（印装查询：01064002715；邮购查询：01084010542）

目 录

第一章 格林童话故事中的"杀害"   1
  一 民间故事中的"杀害"   1
  二 对现实的认识   6
  三 杀害者与被杀者   13
  四 对改变的希冀   24

第二章 半人的悲剧——从民间故事看现代人的课题   29
  一 民间故事与现代   29
  二 片子的故事   32
  三 文化比较   37
  四 异类夫婿之死   41
  五 现代人的课题   45

第三章 日本人的美意识——日本民间故事的解读   49
  一 黄莺之家   49
  二 浦岛太郎故事中的美   51

三	用美化解矛盾	54
四	日本与西方	55
五	传说与民间故事	58
六	花妻	60
七	完美与完整	62

第四章 日本民间故事中的"异界"   65
  一 "异界"的出现   65
  二 海底之国   66
  三 "异界"的女性   69
  四 地藏净土   73

第五章 《风土记》与民间故事   75
  一 序言   75
  二 民间故事的主题   78
  三 梦   89
  四 其他主题   92
  五 《风土记》的特性   96

第六章 解悟日本民间故事中的心理学
      ——**以《蛇女婿》与《蛇妻》为中心**   101
  一 异类婚姻   101
  二 童话与自然科学   103
  三 离去者的悲哀   107
  四 日本人的心理   109

五	异类婚姻与外婚制度	111
六	拒绝男性特质的意义	113

第七章　猫的深层世界——民间传说中的猫　　115
　　一　令人惊悚之事　　116
　　二　深层世界的显露　　117
　　三　恶作剧者　　120

第八章　民间故事的残酷性　　123
　　一　何为残酷　　123
　　二　孩子们心知肚明　　125
　　三　讲述的意义　　126

第九章　梦与民间故事　　129
　　一　梦　　129
　　二　补偿功能　　132
　　三　集体无意识　　135
　　四　梦与民间故事　　138

第十章　讲述边界体验——读村上春树《海边的卡夫卡》　　143

解　说　由"悲伤"产生的联系　岩宫惠子　　157

"物语与日本人的心灵"系列刊行寄语　河合俊雄　　163

第一章
格林童话故事中的"杀害"

一 民间故事中的"杀害"

在民间故事中,"杀害"是常见的主题之一。预谋杀害,或者将杀害付诸实施,都是常有的情节。格林童话故事中,"杀害"也是一个很重要的主题,如在日本也众所周知的《小红帽》《白雪公主》《汉赛尔与格莱特》以及《狼和七只小山羊》等故事中,"杀害"都是极其重要的主题。

一些教育工作者从教育的思维出发,认为这些故事中的杀害过于残酷,从而断定这类故事不适合讲给孩子听,或者主张加以改写。关于这一点在后文的章节中还会详加论述,简而言之,我认为这些主张是毫无意义的。倘若将《格林童话》中有关"杀害"的故事全部剔除,我想这部童话恐怕就不成立了吧?粗略统计一下,讲述实际发生的杀害的故事就大概已占到格林童话故事的四分之一,这还尚未将谋划杀害的故事计算在内。那么,为何如此多的民间故事都在讲述杀害呢?或者准确地说,杀害这一主题为何在格林童话故事中如此突出呢?本文将对这一问题进行综合分析。

（一）格林童话故事与日本的民间故事

我之所以关注并思考故事中的杀害这一主题，源于我对日本民间故事多年来的考察。长期以来，我意图通过日本民间故事来探究日本人的心灵，部分成果已成书出版①，之后我仍在持续思考书中未能涉及的一些问题，"杀害"便是其中一个令我一直深思的重要命题。

当我将日本的民间故事与世界其他国家的做对比研究时，便发现"异类婚姻"是一个极其重要的关键词。关于这个问题，小泽俊夫曾发表了划时代的研究成果②。我在他研究成果的基础上再进一步考察。值得关注的是，在《猿女婿》（《日本民间故事大全》③103）等关于异类婚姻的故事中，异类夫婿的结局往往都是遭遇杀害。况且，动物夫婿并非做了什么坏事，而仅仅因为它们是动物便遭杀害，杀害者有时甚至会使用极其阴险的方法。与之相比较，我们再次看了关于"异类妻子"的故事，例如《鹤妻》（《大全》115）之类的故事，动物妻子往往不是被杀害的对象，它们的结局是离丈夫而去。从异类夫婿通常遭杀害的故事来看，这可谓是日本民间故事极为突出的一个特征。

我们将《猿女婿》与《格林童话》中的《青蛙王子》（《全译格林童话集》④1）加以比较，便能看到两者之间明显的差异。《青蛙王子》也是"异类婚姻"故事中的一种类型，其中写到，公主因厌恶

---

① 拙著《民间传说与日本人的心灵》，岩波书店（岩波现代文库），1982年。中译本，范作申译。生活·读书·新知三联书店，2018年。——译注
② 小泽俊夫，《世界民间故事——人类与动物的婚姻谈》，中公新书，1979年。
③ 关敬吾等编，《日本民间故事大全》（共12卷）。角川书店，1978—1980年。该书在后文简称为《大全》，书中故事的编号加在书名之后。
④ 金田鬼一译，《全译格林童话集》（共5卷）。岩波文库，1979年。本书后文将它简称为《格林》，故事的编号加在书名之后。该书的首版收录最全，之后的版本略有删节。本书引自首版，但首版编号与之后广泛使用的KHM编号略有偏差，敬请留意。

青蛙而将它狠狠地抛向墙壁，其实这里也包含了杀害的意味。然而，之后青蛙变成了王子，从而演变为王子与公主成婚的圆满结局。这与日本故事中用计谋杀死猿女婿的结局，形成了鲜明的对比。

关于杀害，日本故事中还有一点值得注意。广义上的杀害也包含了自杀。日本民间故事中还存在着下述具有强烈冲击性情节的类型，在"鬼子小纲"（《大全》247）类目下，有一个题为《半子》的故事，讲的是一个鬼掳走了人妻，霸为己有。丈夫踏上寻妻之路，在第十个年头终于来到了"鬼之岛"。鬼和掳来的妻子就生活在这个岛上，他们还生了一个儿子，取名"半子"。后来人类丈夫终于与其妻子重逢，在半子的帮助下顺利返回人间。但是，在人类的世界，半子因半人半鬼，受到大家的歧视，他十分痛苦，最终从大树上跳下自杀。这是一个具有强烈冲击性的故事。为了母亲的幸福而拼尽全力的孩子，却因为身为"半子"这一负面属性，最终被迫自杀。下一章将对此进行详细论述。

读到这个故事时，我便感觉故事本身具有日本的特征，于是结合前述异类夫婿的课题加以考察。然而当我将这类故事与格林童话故事进行对比时，我心中又泛起些许不安，不敢确定《格林童话》中是否绝对没有这类故事。我虽读过《格林童话》，但记忆已不是那么准确，而故事中令人出乎意料的存在，本来就是民间故事的特征。之后我聚焦"杀害"这一主题，再次细致地阅读了《格林童话》，并对所有的故事都条分缕析，做了一张关于"杀害"故事的一览表。

其实，列表这一习惯始于我对日本民间故事的考察。通过这样的一览表，我便能轻松地发现故事中的有趣之处。接下来，我将对《格林童话》中有关杀害的故事，与日本民间故事做比较，论述我的发现及思考。

（二）"杀害"的意味

曾有人因做了杀人的梦之后深感恐惧，恰巧又听到"梦会满足愿望"一类的言说，就愈加惊慌不已。于是我问他："试想一下，你的人生中有没有'杀'过什么东西的体验？"然后根据他联想到的事情，展开了对梦的分析。其实，"杀"这个词非常抽象，有着十分广泛的含义。日常用语中，就有"屏息""煞味"[①]等说法，在运动的用语中有时也会说"杀球"。

在《广辞苑》中，"杀"这一词条下，除了"断绝生命"这一解释，还有以下几种释义：①压制势头，使其不能活动；②比赛中压制住对方的攻击；③在棒球赛中让对手出局；④（俗语）典当；⑤迷煞人，使人神魂颠倒等。英语中的"kill"一词，恐怕也有类似的含义。正如"杀"是一个抽象广义的词一样，在梦或者民间故事中出现的"杀害"，也并非仅限于字面意思，未必一定指"断绝生命"，我们应该从更广泛的意味去解读。从这个意义上来讲，民间故事中的"杀害"也并非只有表层含义。有些孩子出于天性，从心灵深处体会到这些，因而他们在听到这类故事时，并不会感到惊惶、恐惧。

在考虑杀害的象征性含义时，可以从完全不同的角度去思考，即某人在考虑压抑什么，或者削减什么势头，这些本质上也是一种"杀害"。例如读初中的孩子说想要加入棒球队，他的父亲答复他，你可以打棒球，但不能加入棒球队，因为练习时间太长会影响学习。很多人会认为这不过是压抑了孩子强烈的愿望而已，但实际上，这也意味着扼杀孩子的意愿。从这个角度而言，我想有些父母在做的，不只是"杀害"自己的孩子，甚至可以说是"吞噬"他们。

[①] 屏息、杀味，在日语中均使用"殺す"（杀）一词表述。——译注

用"甜言蜜语"纵容孩子，使他们成为父母自己的"私有物"，这些"吞噬"孩子的父母，他们与《汉赛尔与格莱特》中用糖果屋诱骗并吃掉孩子的巫婆，其实并无本质区别。残酷存在于现实的人类社会中，特别是存在于大人对待孩子的举动中，倘若我们能意识到这一点就会明白，没有必要刻意指责民间故事的残酷。

人类常常会幻想，即便不曾幻想要去杀掉某个人，但我想肯定大多数人都曾幻想过，假若没有这个家伙，或者那个家伙如果死了的话就好了，等等。随着这种幻想的层次不断加深，"杀害"的意味就会愈加浓厚。再有，无论亲子关系多么亲密，孩子成长过程中都会产生对父母亲强烈的反抗心理。与其说这是一种对抗或反抗，倒不如说，这是一种强硬的、试图一时性否定一切的意识。不经历这种强烈的否定，孩子就难以长大成人。与父母亲保持适当的距离并逐渐自立，这是一个十分艰难的过程。若是使用极端的语言来描述这一过程，也可以称之为，孩子们必须要体验象征意义上的"弑父"或"弑母"。

伴随孩子成长的象征意义上的"弑亲"，对考察民间故事的意义是极其重要的线索。这一点我以前做过论述[①]，但由于这一问题对本论至关重要，在此我想略做归纳。弗洛伊德关注到父亲与儿子之间存在的心理纠葛，认为所有的男性在儿童时期都有"弑父娶母"的心理欲求，如果加以压抑，就会演变为隐藏在潜意识中的俄狄浦斯情结。对此，荣格认为，探讨神话或者民间故事中常见的"弑亲"主题时，不应将它视为实际存在的亲子关系的问题，而应从与个人普遍无意识中存在的——可以称之为父亲原型或母亲原型

---

① 拙著《民间故事的深层》，福音馆书店，1977年。该书以《格林童话》为素材，对人类成长的各个阶段进行了论述。

的——一种普遍意象之间的关系入手来进行考察。

之后，荣格的弟子埃利希·诺伊曼（Erich Neumann）继承了他的这一理论，并进一步将西方近代自我确立的过程与"弑亲"的象征性进行了相关的分析[①]。诺伊曼认为西方近代所确立的自我，在世界上是具有特异性的。西方人对自我确立过程的描述通常是通过典型的英雄故事来进行象征性的表达，这类故事基本都由英雄诞生、英雄打败怪物（龙）、遭遇怪物捕获的少女被英雄拯救后与之成婚这几个阶段构成。英雄的诞生意味着自我的诞生；打败怪物，意味着自我斩断母亲和父亲的束缚，成为一个独立的存在；而接下来与少女成婚，则意味着独立后的自我重新与世界发生关联。

这种阐释是"一种"极为有效的思考，但并不是唯一正确的看法。而且，它对于阐释西方的民间故事是有效的，但换成日本的民间故事则未必可行。在即将开始探讨格林童话故事之前，我认为读者们有必要事先了解一下这种见解，但我并不打算用诺伊曼的观点来解释所有关于"杀害"的民间故事。下面就请诸位在充分理解上述内容的基础上，随我一同进入对格林童话故事的分析。

二 对现实的认识

死亡是人类难以逃避的问题，甚至可以说，"死"是苦难现实的代名词。杀人无疑是一种恶，但如前所述，我们也会认识到杀害存在于我们的内心深处，这也是一种现实。关于杀害与被杀的民间故事，大都在某种意义上与艰难的现实相关。

[①] 诺伊曼著，林道义译，《意识的起源史》，纪伊国屋书店，1984—1985年。

（一）猫与鼠

《猫和老鼠交朋友》（《格林》2）讲的是动物的故事，是一个很恐怖的故事。猫和老鼠住在一起，为了贮备过冬的食物，它们将一罐牛油藏在了教会的祭坛下。然而，猫谎称亲戚家生了孩子，委托自己去给孩子取名字，便出门去偷偷舔食了牛油回到家里。老鼠完全被蒙在鼓里，它问猫为孩子取了什么名字，猫回答说，取名为"舔去皮儿"。就这样，猫用同样的借口不断地去偷食牛油，回来后告诉老鼠，他为孩子取名为"舔去一半儿""舔光了"，它也确实将牛油都偷吃光了。到了冬日的一天，老鼠和猫一起去打开牛油罐子，猫的恶行终于暴露了。然而，在老鼠对猫提出抗议后，"猫一下子扑了过去，抓住老鼠将它一口吞下。看，世上的事情就是这样的"。童话就此结束了。

即便读者会因这故事太没道理而感到愤慨，但正如故事结尾所言，"世上的事情就是这样的"，只能无奈接受。自古以来就是猫吃老鼠，而老鼠不能吃猫，这一定理无法改变。童话分析大师玛丽-路易丝·冯·弗朗茨[①]曾使用"just-so-ness"称童话对这类无法撼动的事实的表述，确实十分贴切。

其实，这类民间故事比起西方来更多见于日本，可以说格林童话这一类故事的存在是个特例。事实上，《日本民间故事大全》中也收录了与这个童话几乎相差无二的一篇故事——《猫和老鼠》。因这两篇故事过于相似，也可以从传播的角度考虑两者之间的关系。若是从故事特色来看，我感觉日本的民间故事更具有原创性，但这篇故事仅从岩手县紫波郡采集到，其他地方并不存在类似的故

[①] Marie-Louise Von Franz（1915—1998），荣格的弟子，童话心理解读的代表人物。苏黎世荣格学院创办者。——译注

事，因而，也难以断言这是日本固有的民间故事。我们要弄清这个问题，只能期待今后的研究。

此外，在故事结尾，格林童话故事采用了——"看，世上的事情就是这样的"——这一有训示色彩的表达；而日本民间故事中的表达却是："之后，猫和老鼠的关系就变成了今天这样。"这一表述反映的是猫和老鼠关系的起源，颇为值得我们关注。仅凭这些，我们无法断定哪个故事更加古老，但大概正是由于格林童话中此类故事十分少见，作者才觉得有必要在结尾处多加一句说明吧！当然，最后一句话是否为格林兄弟所加的，也尚未能判明。

（二）斩尽杀绝

民间故事中还存在着一种"斩尽杀绝"的故事类型。故事中的人物不断地遭到杀害，例如《小农夫》（《格林》67）就是这样一个毫无道理可言的故事。情节大致如下：在一个富庶的村子里，其他村民都很富裕，唯有一人十分贫穷，被称为"小农夫"。他连买一头牛的钱都没有，于是便拜托木匠帮他用木头做了一头牛。之后，牧牛人误认为这头木牛是真牛。这时，小农夫略施诡计，巧妙地从牧牛人那里夺走了一头真牛。接着，他杀了牛并剥了牛皮，把它拿到镇上去卖，途中遇上倾盆大雨，来到一家有水磨车的磨坊，请求借宿一宿。磨坊的女主人刚好趁着丈夫外出，将道德败坏的牧师引到家中共享美食。此时男主人突然回来了，于是女主人便将美食和牧师隐藏在家中。目睹了这一切的小农夫假借占卜，揭露了女主人的恶行，赚了三百银币。回到村里，小农夫宣称自己将牛皮卖了三百银币，于是村里人都纷纷杀掉自家的牛，剥去牛皮拿到市集上卖，结果一张牛皮只能卖三枚银币。村民们大怒，要将小农夫塞进木桶沉入河中。这一次，小农夫又施一奸计，骗牧羊人钻进了木桶，使之成为自己的替死鬼被沉了河，他自己却装作一副若无其事的样子，赶着羊群回到村里。此时，村民们大吃一惊，前来询问缘由。小农夫告诉村民，当他沉到河底时，发现那里有一片草原，草原上有数不尽的羊，他赶了一群回来，那里还有很多。于是以村长为首，村民们争先恐后跳进河里，就这样全村人都淹死了，只剩下小农夫一人，变成了富人。

首版的《格林童话》还收录了一个类似的故事，名为《暴富的小裁缝》，在第二版中被换成了《小农夫》的故事。[①]小裁缝的故事更简单，但它与小农夫的故事极为相似，尤其是最后村民全都死光的这个情节是完全一样的。这两个故事无论是哪一个，都令人不可思议，感觉是不可能发生的事，肯定会有人质疑，为何说它们是对现实世界的认识，下面我想就此展开探讨。

故事的主人公毫无疑问是个"恶作剧者"。关于恶作剧者，在此不再做详细解释。简言之，恶作剧者会说谎，捉弄人，做相当危险的事情，同时也具备神出鬼没、变幻自在等特点。低级阶段的恶作剧者不过只是捣蛋鬼，而进到高级阶段后便会近似英雄。例如《勇敢的小裁缝》(《格林》22)中的主人公便是一位近似于英雄的恶作剧者(裁缝，似乎很容易被塑造成恶作剧者)。

关于恶作剧者的故事，与格林童话故事相比，日本民间故事在数量上占有压倒性的优势。甚至可以说，即便是日本神话中的英雄，他们身上也残存着一些恶作剧者的特质。而非洲以及美洲印第安人的神话故事更是恶作剧者的宝库。这意味着什么呢？我想大概是因为恶作剧者所发挥的作用其实与"自然"本身是相同的。"自

[①] 此处参照了约翰·博尔特、格奥尔·波利夫卡的著作《格林兄弟儿童及家庭童话注解》（共5卷），莱比锡，1913—1932年。后文阐述所涉及《格林童话》的内容，均参考了这本书。

然"也是变幻自在、神出鬼没的，它会给人类带来意想不到的幸福或者极大的不幸，的的确确是一个"捣蛋鬼"。若将自然人格化，应该就是"恶作剧者"的形象了。

被欲望驱使，全村人都走向死亡，这在人类与自然的关联中是有可能发生的。倘若从这个角度看，《小农夫》故事的结局便不再是荒唐无稽、绝无可能的。而且从恶作剧者与自然的关联来解读，便能理解为何日本民间故事中此类故事的数量远超于格林童话故事。在《日本民间故事大全》"狡猾者谭"的类目下，确实收录了很多关于恶作剧者的故事。其中，《大琼助和小琼助》（《大全》616）是与《小农夫》极为相似的一个故事。但这个故事令人产生一个疑问，即这个故事是否为日本原创，关于这一点，在此且略去不谈。

在《格林童话》类似的故事中，恶作剧者尽管不像《小农夫》那么典型，而《背囊、帽子和号角》（《格林》59）以及《狗和麻雀》（《格林》64）两篇故事的主人公也是恶作剧者（当然后者的"主人公"是一只鸟），两者都施行了残忍的连续杀戮。如前所述，恶作剧者故事中经常会出现"斩尽杀绝"的现象，这可以说是在隐喻自然的威力。而恶作剧者身上特有的滑稽性以及非日常性，在这类故事中便有着淡化杀戮带来的恐怖以及罪恶感的效果。或许充分认识到自然之恐怖的古人，正是试图通过这一类故事来缓和他们对自然的恐惧感。

同样是恶作剧者，《忠诚的约翰内斯》（《格林》6）中的约翰内斯更接近于一个救世主的形象。关于这一点，已在其他的著作中详加论述[①]，在此不再赘述。在《忠诚的约翰内斯》中，尽管也存在

---

① 拙著《民间故事的深层》，福音馆书店，1977年。

死亡的内容，但其中的死亡所带来的是重生的主题，与其他恶作剧者故事中的杀戮明显不同，这一点很有意思，容我于后文详述。

（三）情感

在恶作剧者这类故事中，经常会有类似于"斩尽杀绝"的不断杀戮的情节，但正如前文所述，尽管不断发生杀戮，故事中却很少涉及恐怖以及残酷等感受。民间故事这种文学形式，原本就很少讲述故事中人物的情感。麦克斯·吕蒂[①]等学者甚至认为这正是民间故事的一个特征。然而，也有一种类型，虽然在故事中不曾讲述任何情感，却会给听故事的人带来强烈的情感体验。

关于《特鲁得太太》(《格林》48) 这则童话，已在其他的文章中做过详细论述，在此仅做简略介绍。这则故事带有极强的冲击性，故事中有一个固执而又有些自作聪明的小姑娘，她的父母明确而严厉地禁止她去特鲁得太太家，而她却违背父母的命令，去找特鲁得太太。当她终于认清特鲁得太太是个魔女而感到恐惧时，为时已晚。在故事结尾，魔女将小姑娘变成木头扔进火中，一边以此取暖，一边说："这下可亮堂啦。"

这个故事的结局比前文中提到的《猫和老鼠交朋友》更令人吃惊。虽说小姑娘固执任性，不听父母管教，但被魔女为了取暖，一瞬间烧成了灰，这个结局未免太过残酷。不过，比这个故事还要令人瞠目的事情其实在"现实"中也在发生，但我们已经习惯了这类事件，在报纸上读到这类报道时，也大都把它当成一则惯有的社会新闻，不带任何情感地匆匆一览而过。从这一点而言，这类事情作为故事被讲述出来，反而会使我们感到惊悚，为之动情，更能切身

---

① Max Lüthi (1909—1991)，瑞士著名童话研究家。——译注

感受到"现实"的可怕。

《猫头鹰》(《格林》194)是一则猫头鹰被杀死的故事。在一座小城中,一只大猫头鹰不慎从森林中飞出,半夜里飞进一户人家的仓库里。清晨,仆人来到仓库,以为猫头鹰是个怪物,便仓皇逃走,随后引起一阵骚动,全城的人都赶来了,他们试图赶走猫头鹰,却因恐惧而未果。接着全副武装的勇士手持长矛前去挑战,也心生恐惧,落荒而逃。最后,市长提议从当局财政中拨款来支付给主人,将他家的仓库连同里面的东西全都买下来,然后将仓库同里面的怪物一起烧毁。大家都同意了市长的提议,在仓库四角都点起了火,于是,猫头鹰便和仓库一起被残忍地烧死了。

这个故事讲述了人们因一只猫头鹰而受到惊吓,尤其详细地描绘了无人能够将它赶走的情节,勇士落荒而逃的部分十分滑稽,甚至可以说是一部喜剧。然而,喜剧与悲剧只是一念之别,从猫头鹰的角度来考虑,这个故事则是一个巨大的悲剧。无辜的猫头鹰因人类的误解而被杀害,而且死于同仓库一起被烧毁这种残酷的方法。当然,将仓库整个烧毁,意味着收纳其中的物品也被烧光,可以说人类也付出了很大的代价。

故事发生的时间被设定为"大约几百年前,当时的人们还远没有现代人这般聪明狡猾"。然而,这类荒唐无稽的事情在现代是否已经绝迹了呢?读了这个故事,恐怕很多现代人都会想到纳粹对犹太人的杀戮。无辜的犹太人被认定为"怪物",从而被杀害,被屠戮的方法远比被关在仓库里一起烧毁更残忍,而这一切就发生在距今不久之前。其实不仅限于纳粹,人类不都是如此吗?一旦有人说"猫头鹰"是"怪物",恐惧便会传播开来,被恐惧支配的人类会认为,只要能杀死"猫头鹰",付出一定的牺牲也是必需的。

对于人类正施行的"现实"的杀戮行为,我们或者选择视而不见，或者极力地压抑情感而单纯依靠理性去探讨干脆明了的处理办法。但这类故事则通过生动地讲述杀戮发生时的情景，唤起人类的情感，让人感知到现实的恐怖。

最后我还想补充一点，这一类型的故事在《格林童话》中比较少见。与《特鲁得太太》以及《猫头鹰》类似的故事在《格林童话》中再无其他，由此也能看到这两则故事的珍贵。

三　杀害者与被杀者

正如上一节中提到的《猫头鹰》所示，民间故事中被杀害的未必是恶者。无论是杀害者还是被杀者都相当多样化，不可轻易地做简单分类或定义。不过，一般意义上而言，在民间故事中背负恶人之名的人物更容易成为被杀害的人。这一倾向似乎在格林童话故事中比在日本民间故事中表现得更为明显，如此便产生一个问题，即哪一类人物会被冠以恶人之名，下面我想针对这一问题，主要从杀害者与被杀者的关系来加以探讨。

（一）主动性与被动性

即便是在民间故事中，"杀害"这一行为也是有相应的理由与动机的。而且，导致杀害发生的过程也是多种多样的，呈现出不同的模式。下面我想先探讨杀害的发生，是杀害者积极主动的选择，还是他被逼到走投无路时的无奈之举。

在男主人公打败巨汉等"恶者"这一类型的故事中，杀害都是非常积极地进行的。这种类型比较容易理解，而且这一类型的故事数量也相当多，其中有一则《小地精》（《格林》104），它讲述了主人公"傻瓜汉斯"杀死恶龙，救出被囚禁的公主，最后与公主圆满完婚的故事。这则故事无论情节还是结局都是常见的模式，但其中有一段小插曲十分有趣，展示出主人公汉斯的独特性格，在此略做介绍。主人公猎手汉斯与另外两名猎手一起，踏上找寻公主的旅途。他们三人来到一座宫殿住下，每当他们出门寻找公主时，必让一人留守。这时一个小矮人就会前来讨要一块面包。留守人将面包递给小矮人时，小矮人却故意让面包掉到地上，并要求猎人给他捡起来。就在此时，小矮人抢起一根棍棒打了猎人的头。除汉斯以外的其他两名猎手，都曾听从了小矮人的吩咐，在弯下腰捡面包时，遭遇了击打。而汉斯对小矮人的反应却不同。汉斯也给了小矮人面包，小矮人同样故意让面包掉到地上，并要求汉斯捡起来。这时汉斯则很生气地嚷叫："自己的东西自己不会捡吗？"并抓住小矮人给他一顿狠揍。小矮人向汉斯求饶，并告诉了他公主的所在地，还给了他一系列的忠告，让他手持猎刀去割下恶龙头。

汉斯作为这个故事的主人公，毫无疑问，他是杀死恶龙的积极的男性。而当他命令小矮人自己捡起面包时，展现出的是十分男性化的亲热，这一点很有意思，他认为把面包给小矮人是可以的，但如若按照小矮人的要求，帮他捡起面包则是过分之举。

年轻的女孩多会沦为被杀害的一方，这也是《格林童话》的特征之一。白雪公主便是一个典型的例子。这种类型的故事中试图杀害女儿的，大都是巫婆或继母。巫婆以及继母通常都会积极主动地去实施杀害。而女儿一方则是完全被动的，她或拼命逃走，或一味忍受。之后，作者在故事里便会在适当的时机安排一位合适的救助者出现，而故事结局大都是巫婆被杀死。然而在《汉赛尔与格莱特》(《格林》17）中，少女格莱特自己打败了巫婆。在这个故事里，起初被动、消极的少女格莱特，后来逐渐变得强大起来，最后变得相当积极，这个变化过程令人印象深刻。

还有一种类型，年轻的女孩不是自己动手，而是积极地帮助他人实施杀害。例如在有的故事中，年轻的女孩会给求婚者设下种种难题，一旦失败，求婚者便会被处死。在《小海兔》(《格林》213)的故事中，那位"非常傲慢，不愿屈从任何人，试图独自一人掌控一切"的公主，砍下一个又一个求婚者的头，于"城堡门前立了97根挂着人头的柱子"。故事里这位公主是这类女主人公的典型。这种类型的女性不仅在《格林童话》中，就是在西方民间故事中也经常出现。故事的结尾往往会出现一位男子，解开难题与女主人公结婚，接着故事圆满结束。我们应该关注这类故事中少女对杀害所持有的积极态度。故事所揭示的应该是少女的心理状态；她们无法接纳男性化的要素，正处于强烈的拒绝阶段。

日本民间故事中与此相似度比较高的，是那一类"解开难题入赘"(《大全》127)的故事，它们涉及很多故事版本。主人公在动物的帮助下解开难题，这一点与《小海兔》非常类似，但日本的民间故事更多是从"招婿"的角度来讲述的，提出难题的并非年轻的女孩自身，而是她的家族。而且，求婚者失败之后是否会被处以死刑，这一点也模糊不清。这些都体现出西方与日本的差异。

（二）被杀的人

在《格林童话》中，被杀死的都是什么人呢？首先数量最多的便是继母与巫婆。《小哥哥和小妹妹》(《格林》13)，以及广为人知的《白雪公主》(《格林》58)和《爱人罗兰》(《格林》62)等故事中，继母同时也是巫婆，由此可以认为，两者在本质上象征着同类的事物。尤其值得注意的是，事实上在《汉赛尔与格莱特》以及《白雪公主》中，实施杀害的原本是其生母，格林兄弟在1840年出版的限定版中将生母改成了继母。据说是格林兄弟认为，亲生母亲因为嫉妒而试图杀死自己的女儿，或因饥饿而抛弃自己的孩子，这太有悖于人性，才做了改动。按照一般常识，这种改动是可以理解的，但若是从人类深层心理的角度来考虑，可以说这种顾虑是没有必要的。因为从人类深层心理的角度而言，所有的母亲，甚至可以说所有人的深层意识中，都存在"杀死"自己孩子的倾向。而且，若是让继母背负上如此恶劣的印象，那么，不得已要成为继母的人，恐怕会难以忍受吧。

母性有其两面性，既有肯定性，又有否定性，前者表现为"生产、养育"，后者则表现为"吞噬、杀害"。荣格派心理学家早就指出了这一点。一般提到母亲时大都会联想到其肯定性的一面，所以其否定性的另一面，便表现在民间故事中的继母与巫婆等形象上。其实，亲生母亲也有这一面。"用糖果诱惑"自己的孩子，或者将孩子"吞噬"掉的母亲在现实中也为数不少。不过，仔细想来，母女之间的"相杀"也不尽是否定性的。

《爱人罗兰》便是这类故事的一个典型例子。故事中巫婆有两个女儿，一个是她的亲生女儿，样貌丑陋；而另一个是继女，容貌出众，心地善良。亲生女儿想要得到继女的漂亮裙子，于是母亲便生出计谋，趁继女睡着时将她杀死。继女偷听到了这个计谋，在睡觉时和亲生女儿换了位置，母亲不明此状，而将自己的亲生女儿杀死了。然后，继女跑去爱人罗兰的家，两人一起逃走，巫婆紧随其后追赶。中间的具体情节在此略去不谈了，总之，后来这对年轻恋人终于杀死了巫婆。故事仍有后续，这里也不多涉及，仅就以上部分略做分析。

故事中女儿作为"替身"被杀死，之后女儿的母亲即巫婆也被杀死了，这究竟意味着什么呢？当自己的亲生女儿有想要得到的东西时，巫婆就会用尽手段帮她弄到手，这里的母女关系是非常紧密的。少女得到爱人并与他结婚时，必须要经历母女关系的终结（死亡），我想这个故事所要讲述的便是这种体验。对少女而言，结婚是一种死亡的体验，少女死之后，再作为妻子重生。与此同时，母女关系中的另一方——母亲，也必须经历死亡。

《格林童话》中用来表现母亲否定性一面的，还有"狼"。《狼和七只小山羊》（《格林》5）以及《小红帽》（《格林》29）中的狼，都是"吞噬"的形象，代表了母亲否定性的一面。而且，也有学者尤其是弗洛伊德学派的心理学家认为，《小红帽》中的狼代表的是男性，对此我已另文做过详细的论述，在此不再赘述[①]。

表现否定性母亲形象的"杀害"，首先在《格林童话》有关杀害的故事中，占有压倒性的优势。其次便是与巨人、魔法师等恐怖的男性形象有关的杀害，故事情节多为男主人公打败这类恐怖人物。而且，大多数情况下，男主人公还会与美丽的女性结婚。《勇敢的小裁缝》（《格林》22）中的主人公具有极强的恶作剧者形象的特征，他打败了巨人，最后娶了公主。《无所畏惧的王子》（《格林》136）也是同样，主人公王子杀死了巨人，最后与公主结婚。这些故事都突出地表现了主人公是强大的男性，与"弑父"主题相关。对男性而言，父亲是远比自己强大的可怕的存在，只有超越他，才能确立自我。

并非所有的被杀都能从父亲形象或母亲形象的角度来阐释。但毫不夸张地说，与母亲以及父亲否定性的一面有关的杀害，在《格林童话》中占了大半。这也如实地反映出，在西方自我确立过程中象征性地"弑父"与"弑母"是多么地重要。

---

① 河合隼雄，《民间故事的心理学研究》，收录于关敬吾等编的《日本民间故事大全》第12卷，角川书店，1979年。

《雪白和玫瑰红》(《格林》181)中的杀害,便很难用父亲或母亲的形象来阐释。故事中,雪白与玫瑰红两位少女热情地招待了冬天到家里求助的熊,春天到来之后熊回去了。之后,两位少女屡次帮助遇难的小矮人,但小矮人每次获救之后,都对她们恩将仇报,恶言相向。后来,熊出现了,一掌就击毙了小矮人。随后熊变身为王子,两位少女分别与王子和他的弟弟结婚,故事就此圆满结束。

在这个故事中,两位少女用同样善良的态度对待熊和小矮人,却得到不同的回报。熊很感激想要报答她们,而小矮人则是,对他越好的人,他便越放肆,最后只能将他杀死。我想这则童话中的熊和小矮人,应该代表了无意识中值得注意的内容,以及无须关注的内容。其实,对人越亲切,结果会越糟糕,这种情况,我们在现实生活中都体验过。总之,"杀害"的意义是多样的,反映在各种场景中。

(三)男性与女性

"杀害"这一主题不仅存在于亲子关系中,而且也发生在男性与女性之间。如前文所述,女性向求婚者抛出难题,并杀死未能成功解题的求婚者,这是故事中常见的类型。与之相反,同样存在男性杀死女性的故事类型,那便是所谓的"蓝胡子"类型了。例如《强盗新郎》(《格林》45)以及《费切尔的怪鸟》[①](《格林》51)都属于这种类型。在此,我想探讨一下后者。

在《费切尔的怪鸟》中,男巫将三个女儿中的大女儿诱骗至自己的住处,让她住在家里并给她一切她想要的东西。两三天后男巫出门旅行,嘱咐大女儿除其中一间房子之外,家里其他所有的房

---

① 又译为《菲尔夏鸟》。

间都可以随便看，只有那间房坚决不能打开。大女儿打破禁忌，打开了那间房，看到里面堆满了女人的尸体。男巫很快就发现大女儿破了禁忌，于是将她杀死了。二女儿也是同样的遭遇。轮到三女儿时，尽管她也打破了禁忌，但她聪明地骗过了男巫。之后，男巫决定与三女儿结婚，三女儿得到了一大笔金银财宝，回了娘家。男巫去她家举行婚礼时，被她使用计谋烧死了。

这个故事的特点之一是，男子杀死了多名女子，但最终被女主人公用计谋反杀。故事的另一个特点则是，它并非以结婚作为大圆满结局。《强盗新郎》以及被收录于《格林童话》首版，而在其后被作者删除的《蓝胡子》，都是同样的故事类型。

《蓝胡子》以及《费切尔的怪鸟》中，男子对女子定下了"不许看"的禁忌，这一点与日本的《黄莺之家》（在《大全》中被收录于《黄莺宫殿》196A）刚好相反，颇有意思。在《黄莺之家》中，女子对男子定下"不能看"的禁忌，之后男子突破禁忌，然而女子并没有因此格外惩罚男子。而在《格林童话》中，突破禁忌之人则会被施以最严厉的刑罚——"死刑"。在对突破禁忌之人的处罚上，日本与西方明显不同。关于这一点，本人曾撰文详加考察[①]，在此不再赘述。

一般认为，这类故事中出场的男巫以及强盗新郎等人物，表现了女性深层意识中的男性意象的一个侧面——负面的那一倾向。荣格将存在于女性深层意识中的男性意象的原型，称为阿尼姆斯。我想，通过这些人物所表现的，可以说是典型、负面的阿尼姆斯。阿尼姆斯会魅惑女性，而且会对女性下禁令，规定她们不能做什么，同时他又暗中祈祷她们会打破禁忌。这便是阿尼姆斯的挑衅。女性

---

① 拙著《民间传说与日本人的心灵》，岩波书店（岩波现代文库），1982年。

一旦不小心上当，便会丢掉性命。阿尼姆斯对女性而言，是非常重要的存在。但是，女性不能轻易被其诱惑，必须要坚定地拒绝阿尼姆斯的负面倾向，这应该便是这类故事的寓意。

（四）自杀

自杀是自己杀死自己，也是一种"杀害"，可以作为"杀害"主题的一种类型来考虑。如前文所述，我之所以考察这种类型，源自于对日本民间故事中"片子"自杀类故事的兴趣。调查所有的《格林童话》的故事，都没有发现与《片子》故事相似的主人公或是重要人物自杀的情节。由此可见《片子》故事的独特性。

一般认为民间故事中很少讲述自杀，但斯蒂思·汤普森[①]的《民间故事母题索引》[②]中"自杀"一项之下却罗列了不少实例。读到这里，不由得为这类民间故事的存在而感慨，同时从这一点来看，我们也会认识到，相比之下，《格林童话》中关于自杀的故事真的不多。对此无法做出正确的统计，所以不能简单地去下结论。

下面，我想先介绍一下《格林童话》中有关自杀的故事。若将涉及自杀的故事都统计在内，一共有三则。其一是《孩子们的屠杀游戏》（《格林》25），这则故事曾被收录于1812年版《格林童话》（编号22）中，在之后的版本中被删除，替换成了另一则故事《猜谜》。恐怕是因为这个故事内容过于阴暗，以及故事构成与一般的民间传说相去甚远的缘故吧。这个题目下收录了两则相似的故事，讲述自杀的是其中的第二则。故事很短，大致讲了兄弟三人看到父亲

[①] Stith Thompson（1885—1970），美国著名民俗学家，被誉为20世纪民间故事最重要的"守护者"，开创了世界民俗学研究的先进体系"阿尔奈-汤普森体系"，即"AT分类法"。——译注

[②] 1932—1937年，斯蒂思·汤普森编撰了《民间故事母题索引》（共6卷）。这是一套民间故事的主题目录，并于1955—1958年进行了修订和扩展。——译注

杀猪，于是开始玩"杀猪"游戏，哥哥用小刀刺中弟弟的咽喉。母亲正在二楼为小儿子洗澡，听到孩子们的叫声，吓了一跳，急忙跑下楼，刚好看到大儿子杀死了他的弟弟。盛怒之下的母亲拿过小刀，把大儿子杀了。然后她回到二楼，发现小儿子溺毙于洗澡水中。母亲难以接受这一切，尽管仆人们百般劝慰，但她还是上吊自杀了。父亲回来看到家中的惨状，一蹶不振，不久就过世了。

看到《格林童话》中竟然有如此阴森的故事，读者恐怕会大吃一惊。所谓民间传说，原本就是民众中流传的故事，这类故事也曾在民间广为流传。而这则故事从《格林童话》中被删除，这一事实说明，这类故事已经从现代的人们心里的"民间传说"中被剔除了。当然这也仅仅是我的推论。我想，倘若将当代的新闻报道稍加修改，便与这类故事也相差无几。因此，它就没必要再用"很久很久以前"的方式来讲述了，可以说这类故事作为民间故事的价值已经很低了。当然，关于这一点，我们可以开展更多实证性的研究，而且这类研究是非常有必要的。

还有一点值得考究的是，这类民间故事在日本几乎不复存在了。乍一看，会觉得这类故事在日本肯定也有流传，但经过仔细考察才发现，它根本找不到了。当然这或许是由于笔者的孤陋寡闻，倘若读者中有博闻强记之士对此有所了解，万望告知。《格林童话》中的这个故事，以孩子的游戏为发端，以全家人都死尽而告终，从某种意义上而言，可以说讲述了回归于"无"。笔者曾多次论及日本民间故事中"无"的重要性，但这里所体现的"无"，与日本民间故事中的"无"，是完全不同的。关于这个问题在此不再详加论述，简言之，如日本的民间故事《黄莺之家》中所体现的"无"，才是一种真正意义上的"无"，整个故事架构都在讲述"无"。与之相对，格林童话故事中所讲述的，则是开始存在的一家人最终都死去了，这里的"无"，是一种"有→无"的图式。而日本民间故事中所讲述的"无"，则并非与"有"相对立。由此入手深入考察，会发现此类故事在日本与西方民间故事的比较研究上具有深刻的意义。当然，探明这一课题尚需认真梳理更多的资料，在此暂时做出我的试论。

下面我们来看一下另一则讲述自杀的故事——《坟墓里的穷孩子》(《格林》207)。故事讲了一个孤儿被寄养到富人家里，富人贪婪又无情，一直虐待这个孩子。其中详细描述了富人是如何虐待孤儿的，在此略过不做详述了。穷孩子最后哀叹与其被主人杀死，倒不如自己了断，于是他将女主人藏在床下的毒药罐拿出来，喝了里面的毒药。然而，实际上女主人撒了谎，罐子里装的并非毒药，而是她私藏的蜂蜜，穷孩子喝下的也是蜂蜜。这次没死成，穷孩子又去取来男主人说的盛着灭蝇毒药的瓶子，喝了里面的毒药，结果，这次喝的是男主人私藏的，产自匈牙利的葡萄酒。穷孩子饮下之后，觉得味道不错，但酒性发作时，他开始感到头晕目眩，穷孩子以为自己快要死了，就去找墓地。他来到墓地之后，刚好发现一处新挖的墓穴，于是他就躺了进去，葡萄酒使他的身体发热，深夜里，墓穴里又阴冷潮湿，夺去了他的生命。富人听到穷孩子的死讯，担心自己会被法院传讯，吓得倒在地上失去了知觉。他的妻子当时正站在炉灶边，熬着一锅满满的猪油，看到丈夫晕倒了，她大吃一惊，慌忙跑到他的身边照看他，就在这时，炉膛里的火蹿到锅里，引燃了满锅的油，烧了整栋房子。夫妻两人最后变成了一无所有的穷人。

这也是一个阴暗的故事。其中以为是毒药，喝下之后才发现其实是蜂蜜或者葡萄酒的情节，日本民间故事中也能找到类似的，且大都是笑话类的故事，但这个故事的结尾是，可怜的孩子死去了，之后虐待他的夫妇也遭了灾，变得一无所有。这里故事的进展颇有些因果报应的色彩，但是读者们对孤儿的同情，丝毫不会因此而减轻。其他童话中，孤儿往往会大显身手，最终与公主结婚，与这些大圆满结局的故事相比，这则故事的独特之处，可谓一目了然了。

《坟墓里的穷孩子》也可以说是一种"just-so-ness"类型的故事，但由于其中又加入了其他要素，所以显得不是那么典型了。在日本似乎没有此类民间故事，与前文提到的《孩子们的屠杀游戏》一样，有待于今后更加系统地比较研究。

最后，我想列举另外一则讲述自杀的童话——《熊皮人》(《格林》114)。这则童话包含多个主题，很难简单定义，故事梗概如下：一名将要被解雇的士兵走投无路，这时，恶魔出现了，士兵杀死了突然出现的熊，向恶魔证明了自己的勇敢。恶魔与他约定，在之后的七年里，不能洗澡、梳头，不能剪指甲，并穿戴上熊皮衣生活，如果能守约，就赠予他一件贵重的，要多少钱，便可以拿出多少钱的上衣。这位士兵用这件贵重上衣所值的钱，帮助了一个生活困顿的老人，老人为了答谢他，许诺会把自己三个女儿中的一个嫁给他。三个女儿中的两个姐姐都嫌弃熊皮人，不愿与他结婚，而小女儿为感激熊皮人救了自己的父亲，愿意替父亲遵守诺言，答应了婚约。男子兴奋地从手上取下一枚戒指掰成两半，将其中一半交给了小女儿，请她等着自己。与恶魔的七年之约到期之后，男子收拾停当，衣装整齐地来到老人家中。两个姐姐看到这个英俊的男子，无论如何都要嫁给他，而男子回答说，要和拿着半枚戒指的三女儿结婚。两个姐姐恼羞成怒，发狂般的跑出门外，一人投井自尽，另一人在树上上吊自尽了。入夜之后，恶魔出现了，对男子说道："你一人的灵魂为我换来了两人的灵魂。"

正如前文论及《爱人罗兰》时所述，少女结婚往往会伴随死亡，这一点同样体现在这则故事中，但这里的两个姐姐是自杀的，而且在故事的结尾，恶魔说男主人公一人的灵魂换来了两个灵魂，这个情节也值得多加推敲，不能轻下论断。总之，在此仅将这则故事作为《格林童话》中为数不多、与自杀有关的例子介绍给大家。

四 对改变的希冀

正如上文所述，《格林童话》中讲述了多种杀害。其中，最能体现《格林童话》独特性的，应该是本节要探讨的死亡之后复活的故事类型。一般认为死亡之后复活，寓意着象征性的人格发生急剧变化。人类在其生命周期中，有一些固定的节点，必须要经历一些急剧的变化，也可以说，在这些节点上，人类要体验象征性的死亡与复活。文化人类学学者也曾指出在众多祭典仪式中都很重视死亡与复活的主题。这一点反映到民间故事中，便表现为经常出现被杀害后复活的主题。下面我将考察一下此类故事。

（一）死亡与复活

《白雪公主》是一例典型的关于死亡与复活的故事。白雪公主被她的女巫继母杀死后，小矮人们把公主放进了水晶棺中。后来一位王子爱上了水晶棺里沉睡着的公主，他让人搬动水晶棺时，由于颠簸，白雪公主吐出了毒苹果得以复活，然后两人结了婚。这个故事寓意着少女结婚之前所必须经历的死亡过程，故事中的这一个过程，是被水晶棺和小矮人们守护着的——女孩只有体验过这一过程，才能成为美丽的新娘。《玫瑰公主》（夏尔·佩罗[①]称为《林

[①] Charles Perrault（1628—1703），法国诗人、文学家，童话的奠基者。以童话集《鹅妈妈的故事》闻名于世，其中有《灰姑娘》《小红帽》《林中睡美人》《蓝胡子》《穿靴子的猫》等多篇脍炙人口的佳作，多数作品源自一些当时的民间传说。——译注

中睡美人》）中用沉睡百年的形式，表现了与此几乎完全相同的主题。女孩成长为少女之后，变成新娘（绽放）之前，必须要经历"被守护的死亡"，自古流传的这种智慧或许在当代已经行不通了。在这类故事中，少女们突破水晶棺的守护，更加积极地行动，用自己的力量努力找到王子。但是，同时也有必要防止产生过强的好奇心，避免像《特鲁得太太》中的小女孩一样成为牺牲品。

这类故事中除讲述由少女成为新娘的死亡与复活之外，其次大量存在的是，讲述女性生子时的死亡与复活的故事。例如《小哥哥和小妹妹》（《格林》13）以及《森林中的三个小矮人》（《格林》15）等。在此，这些故事的详细情节不再赘述了。简而言之，这两则故事都讲述了女孩受到继母或者女巫迫害后，幸运地嫁给了国王。继母或者女巫在她们生孩子时将她们杀死，并让自己的女儿伪装成王妃躺在床上。然而，被杀死的王妃在夜里出现给孩子喂奶，被国王察觉。最终王妃复活，继母和她的女儿受到惩罚被处死。这两个故事都讲述了，伴随妻子成为母亲的这一变化所要经历的死亡与复活。而且在这个过程中，《小哥哥和小妹妹》中还讲述了哥哥在变为小鹿后重新变回人类的情节；《森林中的三个小矮人》中，被杀死的王妃变为鸭子，回到孩子的身边，国王按照鸭子的请求，在它的头上挥刀三次，由此鸭子变回王妃。这些从动物到人类的变身，反映了女性在生下孩子成为母亲的过程中，经历了相当深层的生理层面上的改变。

由死亡和复活所引发的变化一般都是正面的，但偶尔也会产生负面的变化，反映这种负面变化的故事在《格林童话》中也有一例，即《三片蛇叶》（《格林》18），尤其值得关注。故事讲的是一位勇敢的青年人立下战功，和国王的女儿结了婚，不过国王的女儿脾气古怪，声称若是结婚，对方一定要与自己同生共死，若是一方死去，另一方绝不能独活。这个青年人应下了她的要求，与她成婚，成为年轻的新王。结婚后不久，王妃便得了重病死去，年轻的国王遵守诺言，一起进入了埋葬王妃的王陵。然而，在陵墓中，他发现了蛇使用过的可以救人复活的叶子，便用它救活了王妃。夫妻两人幸运地走出了陵墓，重返人间。然而，王妃死过一遭，复活之后竟然心境大变，完全失去了对丈夫的爱。不久之后，年轻的国王与妻子一起航海，去看望自己的老父亲。在海上航行时，王妃爱恋上了船长，并趁国王睡着后，与船长一起将他抛进大海。但这回国王再次用蛇叶救自己复活，最后王妃与船长被处死了。

这则故事中，伴随着复活所产生的是负面的人格变化。尤其是帮助她复活的是与她共同赴死的丈夫，而她复活后却变得背叛了自己的丈夫，可以说这一变化是令人吃惊的。不过，据说这则故事是格林兄弟将收集到的两个故事合二为一而写成，而且这类故事在格林童话中仅此一例。因此，在通过这则故事探究民间故事的特性时，必须要慎重。正如前文所述，格林兄弟出于某些顾虑，曾将《白雪公主》中的亲生母亲改为继母，那么他们是出于何种意图将两个传说合成这则故事的呢，值得详加考究。

《格林童话》中还有比起死亡与复活的体验更加着重刻画与之相关的人格变化的故事。例如在《忠诚的约翰内斯》(《格林》6)中，为了王子和公主能够成婚，尽心尽力的忠臣约翰内斯石化成了石像。年轻的国王夫妇十分伤心，想要将石像复原成人。一天，石像开口对国王说，砍下国王两个双胞胎儿子的头，并将流出的鲜血涂到石像上，便可使石像复活。国王犹豫良久，最终还是砍下了两个儿子的头，让约翰内斯复活。然后，约翰内斯又接上两个小王子的头颅，使他们也复活了。

这则故事讲述了约翰内斯以及两个王子的死亡与复活，但从故事的进展来看，体验了巨大的人格变化的，很明显是与死亡和复活都密切相关的年轻国王。

（二）请求被杀

《格林童话》中也有因被杀而引发变身的故事。最广为人知的《青蛙王子》(《格林》1)便是如此。故事中，国王小公主的金球掉进了深泉中，公主请求青蛙帮忙捡回，以此作为交换条件，公主答应从今以后与青蛙一起生活。小公主原以为青蛙不可能来到国王的城堡才如此承诺，但青蛙却真的来了，国王知道后，严厉地告诫公主，应该遵守承诺。公主无奈之下与青蛙一同用餐，但当青蛙来到寝室要求与公主同住时，公主再也压抑不住怒火，抓起青蛙朝着墙壁狠狠地扔过去，将它摔死了，而就在这时，青蛙变成了王子。

这个故事的结尾，公主将青蛙扔向墙壁的举动尤为重要。此前一直逃避的公主，在此展示出积极对决的姿态。我在前文中已就主动性与被动性做过论述。这则故事中，公主被青蛙步步紧逼，又被迫听从父亲的命令，一直处于被动的女性，最后终于反转，她的态度变得极为积极主动，这一点令我印象深刻。可以说拼尽所有的对决，引发了变身。

这只青蛙原本是王子，因被施了魔法而变为青蛙，通过与公主的"对决"，得以变回原来的样子。这一类变身的主题，往往与结婚有关，这类故事也存在于日本的民间故事中，具有代表性的便是《鹤妻》(《大全》115)。《鹤妻》这类日本的民间故事，发生变身的往往是动物，它们变身成人，并与人类结婚，婚后又变回动物，从而导致离婚。这些与格林童话的故事存在诸多差异，形成鲜明的对比。关于这种差异的意义，已在另文做过详细的论述①，在此不再赘述。

如果死能引发变身，那么存在自己希望被杀死的人物也就不足为奇了。故事《金鸟》（《格林》63）中，一直帮助主人公的狐狸，最后请求主人公："请杀死我，并砍下我的头和四肢吧。"虽然是狐狸的请求，但主人公也难以办到，还是拒绝了它。然而，在狐狸的再次恳求下，主人公终于照它说的做了，如此，狐狸才得以变身回英俊的王子。

的确，杀死帮助过自己的恩人，这是有违常理的。上文介绍过的《三片蛇叶》，便讲述了因试图杀死帮助自己复活的恩人从而变得不幸的故事。但是，人生很复杂，并非万事都按照简单的规则运转，看似矛盾的事情有时反而揭示了人生的真实。民间故事很好地将这一点传达给人们。《金鸟》中杀死恩人的情节也是极有意义的。仔细想来，人生中的确有需要"杀死"恩人的场合，而且，只有通过这种决断，两人的关系才会有新的进展。

---

① 拙著《民间传说与日本人的心灵》，岩波书店（岩波现代文库），1982年。

第二章
半人的悲剧
——从民间故事看现代人的课题

一 民间故事与现代

民间故事中既蕴含着现代人所面对的课题，有时甚至还给予人们解答这些课题的启示。这些故事深入人心，由民众代代相传，其内容反映了人类的深层意识，具有跨时代的意义。笔者作为一名心理咨询师，日常工作便是帮助现代人一起解决他们的烦恼与问题，正是民间故事的上述特性，使我对它产生了浓厚的兴趣。

正如上文所言，民间故事的内容反映了人的深层意识，这些对人类而言，存在着普遍性。这些内容究竟是在世界各地自然生成，还是经由传播所致，在此暂不做深究，但是，世界各地存在着类似的故事以及主题，这是众所周知的事实。当然，尽管有共通之处，不同时代和文化也会使这些故事产生种种差异。或者说，即便是相同的素材，不同时代与不同的文化背景，也会催生出不同的意味。因此，仔细考察这些民间故事，可以发现全人类共通的倾向性，同时通过相同类型的民间故事在不同文化下产生的差异，也可用以探究文化个体的特性。

笔者曾赴美国、瑞士留学，学习精神疗法，之后以瑞士心理学家荣格①倡导的心理学理论为基础，在日本从事心理治疗工作。人们一般会认为，荣格的"心理学"理论体系（虽称其为"体系"，但尚未完全体系化）讲述了人类共通的心理，但随着工作中密切接触到的每个个体在实际生活中遇到的状况，笔者逐渐意识到，必须要考虑文化差异的问题。也就是说，荣格针对基督教文化圈提出的理论，有时并不能直接适用于日本。对我而言，最重要的并不是准确无误地在日本传播荣格的心理学理论，而是我要知道，来找我寻求治疗的患者的生活状态是怎样的，我又能为他们提供多少帮助。可以说深层心理学这门学问的性质，决定了对它进行阐述时难以脱离个体的实际生活。

对以上问题的思考，汇集于笔者1982年出版的《民间传说与日本人的心灵》（岩波书店）一书中。书中尝试以民间故事为素材考察其中所体现的日本人的生活方式。然而，随着近年来国际交流的剧增，不同文化之间的交流与冲突也日益增多。因此，各个民族也开始意识到自己的想法并非"唯一正确"，通过接触与本民族不同的观点以及思考方式，从而开始反思。尤其是在欧美，因产生于当地的自然科学这一强有力的武器似乎席卷了世界，使得欧美中心主义风靡一时，但最近出现的很多事情，让人们感到应该对这种思想进行反省。越来越多的人主张应该倾听与自己不同的见解，因而也有越来越多的人愿意认真聆听我的观点。得益于这一动向，我在海外的演讲也增加了不少，并受到洛杉矶荣格研究所的邀请，于1984年10月前往讲授《民间传说与日

---

① Carl Gustav Jung（1875—1961），著名瑞士心理学家，精神分析心理学的代表人物，创立了荣格分析心理学派。——译注

本人的心灵》。

当时正值《民间传说与日本人的心灵》英译本企划出版之际，为方便出版工作顺利进行，美国的友人们为我提供了此次机会，邀我前去授课。为了出版英译本，我不得不一字一句重新仔细审阅自己的这本书，而通过这次重读，我发现书中尚留有一个难题。在该书的第三章"鬼笑"中，我曾举出日本民间故事《鬼子小纲》，提到其中出现的片子这一人物，这个由人鬼结合而生的半人半鬼的片子身上，存在不少令人费解之处，很难简单解释清楚，因此当时便写道"容后再论"，但实际上关于这个问题，我后来完全未曾涉及。

关于片子，我会在后文做详细的论述，简而言之，这是一个悲惨的故事。它讲述了人鬼结合生下的孩子片子历尽艰辛，终于回到人类世界，最后却感到在人类世界无处容身，而以自杀告终的故事。笔者在洛杉矶翻译自己的书时发现了上述问题，同时也意识到片子所揭示的问题非常深刻，从而心情变得黯然。笔者将在西方所学带回日本，并终日烦恼如何将所学用于实际工作中，彼时也曾在日本屡次体验到"无处容身"之困，从而对片子的遭遇感同身受，无法仅仅将其当成一则与我无关的故事来读。或许正因如此，在撰写《民间传说与日本人的心灵》一书时，我的潜意识中想要逃避直面这个问题，才会写道"容后再论"，却又将它就此搁置了。

回到日本后，我尽可能查阅了片子类型的民间故事，对此产生的兴趣越发浓厚。1985年4月，在大阪，日德文化研究所为纪念格林二百周年诞辰主办的研讨会上，我以"日本民间故事中的'鬼之子'"为题做了发言。后来，了解到文化人类学家罗德尼·尼达姆[1]和小松和彦[2]也有相关研究，我对这一问题便更加感兴趣了。

1986年春，笔者在旧金山荣格研究所主办的活动中，以"日本人与西方人的比较心理学"为题做了演讲，其中曾提及片子[3]，并谈到前文所述笔者将片子投射到自身从而感同身受一事，从当时听众的反应可以看出他们受到触动，并各自开始思考存在于自己心中的片子。换言之，或者可以说生活在现代的很多人，在某种意义上意识到了自己内心产生的分裂。这次在美国的演讲让我更加意识到，日本民间故事中的片子对现代人的意义。

杂志《赫耳墨斯》第10期刊载了小松和彦的论文《异类婚姻的宇宙——"鬼子"与"半人"》。[4]在这篇论文中，小松和彦详细地分析了民间故事和神话中出现的片子形象的差异。受到该论文的启发，我也想在此对这个问题谈谈自己的看法。不过，笔者作为一名现代心理治疗师，仅将这个问题与现代人的生活方式相结合进行探讨，与小松和彦论文的立论趣旨有着较大的差异，不过我会尽可能结合他的论点来展开探讨。

二 片子的故事

本节要探讨的是日本民间故事中的"鬼子小纲"这一类型，尤其是登场人物中包含名为片子的半人半鬼这一角色的故事。《鬼子

---

[1] Rodney Needham（1923—2006，英国人类学家）.《半人》，长岛信弘译，《现代思想》1982年6月号，青木社。
[2] 小松和彦，《日本民间故事中的异类婚姻》，《日本语日本文化研究论集 共同研究论集》第3辑，大阪大学文学部，1985年。
[3] 请参照拙稿《物与心——谈在美国的一点思考》，《图书》第442期，岩波书店，1986年。
[4] 小松和彦，《异类婚姻的宇宙——"鬼子"与"半人"》，《赫耳墨斯》第10期，岩波书店，1987年。

小纲》在关敬吾等收集编纂的《日本民间故事大全》[①]中被归为"逃窜谭"一类，但正如小松和彦所指出的，该故事也可以归入"异类婚姻谭"一类。以前我在《民间传说与日本人的心灵》一书中也曾探讨过《鬼子小纲》，但当时考察的焦点主要放在故事中出现的"鬼笑"上。在此，我想以"异类婚姻"中出生的孩子片子为主线，来重新考察这类民间故事。下面我先概括介绍流传于日本东北地区的相关民间故事，我会将故事进行编号以便于之后的探讨，下面这则故事标注为①号（小松和彦论文中也将这则故事标注为"事例1"）。

①一名樵夫正在伐木，这时，鬼出现在他面前，问他是否喜欢吃红豆饼。樵夫回答道："喜欢得很，就是让我拿老婆来换，我也愿意。"接着，他拿起鬼给的红豆饼大快朵颐吃了个够。但是他回家之后发现妻子不见了。樵夫四处寻找自己的妻子，十年后他来到"鬼之岛"。在岛上他遇到一个十岁左右的男孩，右半个身子是鬼，左半个身子是人，男孩告诉樵夫，自己叫片子，父亲是鬼的头目，母亲是日本人。片子将樵夫带到自己家，在那里，樵夫见到了自己的妻子。樵夫想要带妻子回家，鬼就提出要和樵夫比赛，若是樵夫能胜过他，便放他们回去。接着樵夫与鬼进行了吃年糕比赛、伐木比赛、饮酒比赛，并在片子的帮助下，取得了每次比赛的胜利，趁着鬼烂醉如泥之际，三人划船逃出鬼之岛。鬼发现之后，用力吸海水，试图将三人乘坐的船吸回来。此时，片子用诡计逗鬼大笑，鬼吸入腹中的海水也被吐了出来，从而三人得以平安回到日本。回到

[①] 关敬吾等编，《日本民间故事大全》（共12卷），角川书店，1978—1980年。

日本后，片子被叫作"鬼孩子"，被人们疏远，在日本无容身之地。当鬼寻来时，片子让父母在他死后将他右半部分鬼的身体切碎，串起来插在门口，这样鬼看见了便会因恐惧而不敢进家门。他又说，如果上述方法无效，就用石头砸鬼的眼珠，说完，便从榉树顶端一跃而下，自杀身亡了。母亲哭着听从了片子的建议。鬼来到门口看到这些，愤愤骂道："连自己的孩子都能切碎串起来，日本女人当真是狠毒！"随后，鬼绕到屋后，打破后门进到屋里，片子的父母立刻扔石头砸向鬼的眼睛，鬼便落荒而逃。自此之后，便有了节分时用沙丁鱼干代替片子串起来以及撒豆驱鬼的习俗。

这就是片子的故事，读到这则故事时，片子自杀的情节让我大为震惊。因为在故事中，片子很明显是一个"好人"。他用自己的智慧帮助樵夫救回被鬼抢走的妻子，但回到日本后，他却"无处容身"，被迫自杀，这十分不合情理。而且明知这个年仅10岁的少年要自杀，他的父母却未能阻止。

当然，在"鬼子小纲"这一类型的众多民间故事中，有些版本只讲到三人历尽辛苦得以回家便圆满结束，未发生片子自杀的悲剧。可以说，这些版本对人与鬼之间出生的孩子带来的种种纠葛并未涉及。只有涉及这种纠葛的故事，才容易以悲剧告终。

《日本民间故事大全》中记载了"鬼子小纲"型众多民间故事的梗概，其中涉及片子的纠葛故事，大致有以下几种结局。②孩子回家后说无法与人类同住，于是跳海身亡（奄美大岛）。③孩子帮助母亲后消失了（新潟县栃尾市）。④片子（故事中孩子的名字）因为是半人半鬼无法在日本生存，于是回到父亲那里（宫城县登米郡）。⑤小纲长大后产生了吃人的欲望，于是他搭了一间小屋，将自己关进去自焚而亡，灰烬中诞生了虻和蚊，吸食人类的鲜血（岩手县远野市）。

以悲剧告终的大致有以上几类，除此之外，这一类型民间故事中还有一些存在其他结局，如故事中孩子叫作"独角之子"或"独角子"，故事讲述至三人回到家便结束了，并未涉及独角孩子的纠葛。此外还有一例值得注意，那是在宫城县伊具郡收集到的民间故事。⑥孩子长着鬼首人身，即上半身与下半身不同类。这个故事的结尾，孩子的头长出了角，无法进入家中。那时恰逢正月，人们会在玄关摆设装饰物门松。于是他拿起松枝蹭了头上的角，角便脱落了。

片子自杀的结局令我难以接受，因而我曾调查过这一类型的故事是否存在圆满告终的，但一直没有找到，最后终于从稻田浩二等所编《日本昔话通观4　宫城》①中找到了下面的故事。

⑦故事中孩子名叫"幸助"，故事结尾如下：

> 幸助长大后，几乎每天都会请求母亲道："妈妈，我想要吃人的欲望越来越强，已经难以压抑了，请将我装进瓶子里，埋在院子的角落，三年后再把我挖出来吧。"母亲回答无法杀死自己的孩子，但经不住幸助再三央求，母亲便哭着将他装进瓶子埋了起来。三年后，母亲挖出瓶子，发现里面变成了满满一瓶钱币。

孩子变成了钱币，这是否称得上圆满结局，这一点我们暂且不论，至少故事中发生的变化是有价值的。而且这则故事中孩子的名字"幸助"也值得玩味，应该是认为他是一个能给父母带来"幸

---

① 稻田浩二、小泽俊夫，《日本昔话通观4　宫城》，同朋社出版，1982年。

福"的孩子才如此取名吧。

此外，还有一种版本，也不能算是积极意义上的圆满结局。

⑧回到日本之后孩子不见了，夫妻两人四处寻找，极度疲劳之下睡着了。土地神出现在他们的梦中，告诉他们：孩子是自己为了帮助他们化身而成的，让他们不用再找了（富山县中新川郡）。

下面我们以①为主探讨一下片子的故事。在这个故事中，一个人类的女性面前，出现了樵夫和鬼这两个对立性的人物。鬼之岛与"日本"这两个形成对比的地名多次出现，也是这个故事的特征，可以将两个男性人物视为日本男性与异国男性的对比。从这个角度来看，便会发现故事中多次表现了日本男性的老实，或者说是不可靠。当被鬼问是否喜欢吃红豆饼时，他回答说："让我拿老婆来换，我也愿意。"并且拿起红豆饼便开始大快朵颐，之后，他发现妻子被抓走时，又大吃一惊，不敢相信，这些情节都极为精彩。后来男子去寻找妻子，要与鬼决一胜负时，也是在孩子的帮助下才得以脱离困境。换言之，若男子与鬼公平决斗，他是无法战胜鬼的。而且，施以援手的并非樵夫自己的孩子，这一点也颇有深意。可以说这个孩子并不是为了帮助男子，而只是想帮助母亲实现回到日本的愿望，才帮樵夫取得胜利。这里最为重要的是母子之间的联系。

回到日本之后，片子遭到大家的疏远，觉得日本难以容身。这些记述直截了当地表现了日本人排外的态度。之后片子没有去抗议，也没有去斗争，而是选择了自杀。而他的父母竟然不加阻止，这些情节可以说是日本式的。故事②与故事⑤中也讲述了自杀。故事④中，因为片子无法融入日本，所以回到了父亲那里。在樵夫与鬼的决斗中贡献了诸多智慧的片子，面对在日本受到的日积月累的压力，却找不到任何解决办法，他能做的只有回到生父的国度，或是自杀。

回到故事①中，母亲掉着眼泪，依照片子所言，将他那一半鬼的身体剁碎，串成串儿插到门口，追来的鬼看到后说："连自己的孩子都能切碎串起来，日本女人当真是狠毒！"如若将这里所说的"日本女人"不仅仅理解为作为个体的故事中的那个日本女人，而是理解成"日本人的母性"的话，便能更好地理解鬼这句话的含义了。总而言之，推崇统一性而无法容许片子这种异类存在的日本社会，以及难以抵抗社会的力量而默许自己孩子自杀的父母，可否将这些与日本人对母性的尊崇结合在一起思考呢？如若从这个角度来看，可以说故事中鬼的指责，并非只针对一个日本女人，而是对不分男女所有日本人都尊崇的强大的日本母性的谴责。

但是，故事以鬼逃走而告终了。日本人不是去打败鬼，而是仅仅防止他进入自己的家。

三　文化比较

上一节中论及片子故事反映了日本人的特性，但严谨地说，提出这一主张尚需将此类故事与其他文化圈的民间故事进行比较。倘若类似的故事在其他文化圈中也大量存在，那么直接将片子类型的故事与日本人的特性相关联，便会失之偏颇。接下来，我想搜寻世界民间故事中存在的类似故事，从半人以及主人公的自杀这两个方面，结合这些故事加以考察。

《日本民间故事大全》指出，阿尔奈–汤普森分类法[①]中的"孩子与鬼"(AT327)这一类型的故事与《鬼子小纲》相似。此外，小泽俊夫曾提出类似的民间故事还有波兰《马蒂的床》[②]的故事。前者与格林童话《汉赛尔与格莱特》类似，讲述的是被鬼抓住的孩子逃跑的故事。后者讲述的是一个商人向恶魔出卖了自己儿子的灵魂，儿子长大后取回灵魂的故事。但从我要考察的角度而言，这两则故事都很难称得上与片子故事相类似。这些事实都表明，与片子相似的民间故事在全世界都很罕见，从而突显了片子类型故事的独特性。

不过，罗德尼·尼达姆曾指出，若是将焦点放在片子这类半人半鬼的存在而非故事整体，则会发现"半人"这一形象在世界各地的神话以及民间故事中广泛存在。

尼达姆指出，"半人"指的是"只有一半的身体是人类的一种虚构人物"，并举例说明了"在世界各地都能够找到类似的人物形象"。他还指出，"半人即便不能称为一种普遍性的存在，但也分布于世界大多数地区"。他认为身体被横着或竖着一分为二，两部分各自带有不同的特性，即像片子一样的存在，也应纳入考察范围内，并举例做了说明。例如他提到，"西非的伊博族（Igbo），认为完成了某种仪式的男人，身体一半是人类，另一半是精灵。所以他们会把身体的右半部分涂黑，左半部分涂白，代表着性质相反的两

---

① 阿尔奈–汤普森分类法（Aarne-Thompson classification system），简称AT分类法，是童话分类的一套方法。这套分类法先是由芬兰民俗学家安蒂·阿尔奈（Antti Aarne）在芬兰学者Julius Krohn和Kaarle Krohn的"历史-地理法"（historic-geographic method）基础上发展而来，后来又被美国民俗学家斯蒂思·汤普森（Stith Thompson）加以改进，故以两人之名字命名。——译注

② 小泽俊夫，《世界民间故事》解说篇，行政出版社，1978年。《马蒂的床》被收录于《世界民间故事》（东欧Ⅱ）中。

个半身合成一体"。将身体涂为黑白两色，很容易让人联想到小丑的服装，颇具意味。

尼达姆在列举多个此类例子之后得出结论："世界各地不同的半人文化现象，起因于一种心理上的原型。"这一结论让小松和彦感到"很令人失望"。可以说，此类研究在某种程度上无法避免出现这种观点的分歧。在研究某个独特的文化表象时，将重点置于类似性还是差异性，得出的结论自然会不同。也就是说，尼达姆关注的是世界各地故事中"半人"形象的相似性，从而得出了它们都有共通的原型这一结论。与之相对，小松和彦虽然只将研究范围限定在日本的民间故事中，但他研究"半人"时，将重点放在"半人"形象之间微妙的差异上，认为"半人"是"引导大家发现日本文化深层潜藏的复杂差异体系的绝佳引路人"。

"半人"是否为一种心理原型，这一讨论在此暂且搁置。如同尼达姆曾指出的那样，半人形象广泛存在于世界各地，而日本的片子与其他半人形象相比，有其格外不同的地方，我想通过片子的这种独特性去发现日本人的心理特征，以及日本文化的特性。并且，因为我所从事的心理咨询工作的关系，最后我将结合现代人的课题加以论述。

从尼达姆的论文以及笔者所知道的，都必须说片子自杀这一点是十分罕见的。那么是否还存在其他主人公自杀的民间故事呢？带着这样的疑问，我对《格林童话》中究竟存在多少包含自杀要素的故事进行了调查。因为这一问题在前一章已讨论过，在此仅就结论简略地做介绍，即在《格林童话》中很少有涉及自杀的故事。《坟墓里的穷孩子》讲了受到养父母虐待的孤儿自杀的故事。《熊皮人》里讲了三个女儿中的两个姐姐得知自己不能和主人公结婚，愤怒至极，分别投井、上吊自杀的故事。此外，在1812年版《格林童话》

中，收录了一则题为《孩子们的屠杀游戏》的故事，讲的是孩子们玩屠杀游戏时，哥哥杀死了弟弟，母亲看到这一幕，在盛怒之下杀死了自己的大儿子，而在这期间，在洗澡盆里的小儿子因无人看管而溺毙，母亲绝望之下悬梁自尽。这个故事在之后出版的《格林童话》中被删除了，虽然没有说明原因，但想来是因为格林兄弟觉得这则故事太过阴暗悲惨，所以就删了吧。

虽然上述的故事似乎证明了《格林童话》中也存在自杀的类型，但在庞大的《格林童话》故事群中，也不过仅此几例，这也证明了包含自杀要素的故事在《格林童话》中极为罕见，同样映衬出片子故事的独特性。《坟墓里的穷孩子》中，尽管穷孩子在某种意义上也是因为感到"无容身之地"而自杀的，但两个故事的主题基调却完全不同。

谨慎起见，我查阅了斯蒂思·汤普森的《民间文学母题索引》[①]中的"自杀"条目，里面收录了世界各地包含自杀母题的故事（遗憾的是日本的片子故事被遗漏了），放眼世界我发现，存在相当数量的自杀母题的故事，但是，其中并未找到与片子相类似的故事。

回到"半人"这一话题，必须要介绍一部十分重要的作品，尽管它不是民间故事，即现代作家伊塔洛·卡尔维诺[②]的小说《分成两半的子爵》[③]。卡尔维诺十分关注民间故事，曾经亲自收集、整理了意大利的民间故事，正因如此，这部小说使读者感受到强烈的民间故事风格。小说中的主人公梅达尔多子爵在战争中不幸中弹，身

---

① 斯蒂思·汤普森，《民间文学母题索引》（共6卷），1932—1937年。作者广泛搜罗口头流传的神话、传说、故事和叙事诗歌，从中提取母题两万余个（共有23500个编号，但有空缺留待补充，按23个部类编排。——译注
② Italo Calvino（1923—1985），意大利作家。主要作品有小说《分成两半的子爵》《树上的男爵》《不存在的骑士》等。——译注
③ 伊塔洛·卡尔维诺著，河岛英昭译，《分成两半的子爵》，晶文社，1971年。

体被撕裂成两半，两半身子都活了下来，一半极善，一半极恶。小说的具体情节在此省略不谈了，总之，故事重点讲述了两个"半人"是如何重新合为一体的。小说最后，两半身体进行了决斗，拔剑相对，最终双方的剑都朝着对方身体上被撕裂的那一半砍了下去，血管被切断，四溅的血液融合在一起，结果，两个半边身体完全结合在一起，重新变回了一个人。

这部小说以寓言式的叙事结构，讲述了现代人分裂的心理以及这种分裂愈合的过程。由此，可以看出"半人"跨越时代在当代依旧存在。小说的结尾处，"半人"重新结合时的对砍，也可以视为一种自杀行为，令人不禁联想到片子的自杀，引人深思。小说或许寓意着"半人"要时常面对死亡。

四 异类夫婿之死

从片子自杀能够联想到的，还有日本民间故事中常见的异类夫婿之死。片子原本就是鬼这种异类丈夫与人类妻子之间生下的孩子，小松和彦对片子这一课题的关注，最终也使得他的研究扩展到全面考察日本民间故事中的异类婚姻上。笔者对异类婚姻也一直抱有浓厚的兴趣，下面我将从片子的自杀入手，探讨与之相关联的异类夫婿之死。

民间故事中异类婚姻的问题意味深长，它也是一个十分庞大的课题，在此难以用简短的章节来阐明。小泽俊夫已经发表过相关的研究成果，具有划时代的意义。[①] 在小泽俊夫研究的基础上，拙著《民间传说与日本人的心灵》中就日本民间故事中的异类妻子问题

---

① 小泽俊夫，《世界的民话——人与动物婚姻谭》，中公新书，1979年。

做了诸多探讨，在此不再重复赘述。仅有一点我想强调一下，那便是日本民间故事中对异类妻子的"异类"存在两种矛盾的态度，一则将其视为低人类一等的存在，另一种完全相反，将其视为高人类一等的存在。可以说，对于民间故事中出现的"异类"，无论是采取正面态度，还是负面态度，其根本都表明了"异类"对于人类而言，是一种难以理解的存在。

进而对日本民间故事中的异类妻子和异类夫婿加以比较，便可发现两者存在显著的差异。在原形暴露后，异类妻子会离去或是消失，一般不会被杀，而异类夫婿却往往被杀死。

例如"猿女婿"这一类型的故事，在日本各地皆有流传，《日本民间故事大全》中收录了多达150余则这类故事。《猿女婿》故事的梗概如下：

> 很久以前，一位养育了三个女儿的父亲许下诺言，若是有人愿意帮忙浇灌完自家的田地，就把自己的女儿嫁给他。一只猿听说后到他家，浇完了田地，上门求娶，父亲请求三个女儿履行诺言，结果大女儿和二女儿都不情愿，而小女儿却答应了与猿的婚事。婚后，他们准备回门，小女儿让猿捣年糕带给父亲做礼物，并为难猿，让他连年糕带石臼一起背回娘家，石臼沉重难拿，一路上猿吃尽了苦头。途中，小女儿看到樱花开得十分美丽，又让猿去摘下作为礼物。在小女儿的指挥下，猿一步步地往树梢爬去，终于树枝折断了，猿跌进河里死了。小女儿回到娘家和父亲幸福地生活在一起。

这个故事饶有兴味，猿没做任何坏事，甚至还做了善事，却被人类算计杀害。这一点与做了善事却不得不死的片子的故事十分相似。而且，除了上述《猿女婿》的例子之外，这种特性也存在于动物与人类女性成婚的鬼和蛇的故事中。

一个拥有三个女儿的父亲，因他许下承诺，要把其中一个女儿嫁与异类（大多是怪物或野兽），两个姐姐拒绝，小女儿表示会履行父亲的诺言成婚。这种情节广泛存在于西方"美女与野兽"类型的故事中。不同的是，在西方的故事中，这类故事大都是圆满结局，一般都是野兽因为女子的爱而变成人类，准确地说，它们原本就是人类，因被施下魔法才变成怪物，魔法消除后又恢复成人身。相比而言，日本这类故事的情节发展与西方完全不同。

对此存在不同的解读，笔者最强烈的感受是，这体现了对男性元素的否定。从心理学的角度来看，异类进入人类世界，可以理解为某种意识从无意识界侵入意识界。在这里，异类夫婿的形象象征着某种男性元素的存在，而且最终会被消除。关于这里所谓的男性元素，有必要稍加说明。

在前述片子的故事中，对应一名女性，存在着人夫与鬼夫这两名男性。然后，两者之间产生了冲突，最终人夫留下，而鬼夫被排斥。其间，半人半鬼的片子发挥了重要作用，但最后，通过牺牲片子，人类夫妇的安全得到了保障。可以说，这里的男性元素被一分为二，一半是被容许的，另一半则是被排斥的，甚至处于两者中间的片子也被否定。

这让我想到美国著名神话学家约瑟夫·坎贝尔[1]的观点，前文提及笔者于1986年4月曾赴旧金山演讲，演讲的前一日，我与约瑟夫·坎贝尔一起举办了研讨班，当时坎贝尔在讲义中曾提到相关论点。

---

[1] Joseph Campbell（1904—1987），美国比较神话学家，主要著作有《千面英雄》《神话的力量》等。——译注

彼时，坎贝尔凭借着他渊博的学识，结合欧洲古代地母神的图像资料，展开了极具说服力的探讨。坎贝尔观点的主要内容是，欧洲原本是农耕民族，有着祭祀地母神的宗教背景，因此，在他们的文化中具有强大的母性特征，后因发祥于游牧民族的基督教传入，才构筑起强悍的父性文化。这种倾向一直持续到现代，特别是在美国，因强大的父性引发了诸多社会问题。作为补偿，在美国，必须要考虑母性的复权。

当时笔者一边聆听坎贝尔的观点，一边联想到日本，最近有很多人主张父性复权以及构建强大父性形象的必要性，这与美国提倡有必要实现母性复权，形成了鲜明的对比，颇有深意。然而，日本人想要复权的父性，不过是农耕民族式的父性。而实际上，无论是依据坎贝尔的观点，还是综观世界史，都会发现现代日本人真正需要的是游牧民族式的父性，当代日本人似乎还未意识到这一点。而在原有的日本文化中，可以说几乎找不出这类父亲形象，所以问题的关键是，必须要采取重新创造的态度。

如果不厘清这一点，那么在现代日本的教育中，主张父性复权便会误入歧途，衍生出主张恢复斯巴达式教育以及旧时的军事训练等匪夷所思的主张。无论是农耕民族，还是游牧民族，父性和母性都是共存的，当其中一方的特性被激化或被深化处理时，便会演变为天父形象或地母神形象。父性和母性在每种文化中都发挥着核心作用，正如坎贝尔所言，农耕民族是母性文化，而游牧民族则是父性文化，而且，两种文化中也存在着起到补偿作用的父性和母性。而在日本所谓的"父亲啊你真强大"[①]中的强大的父亲，不过是为母性奉献的一种强大的父性，我们必须清楚地认

---

① "父亲啊你真强大"，1939年由日本哥伦比亚唱片公司发行的一首战时歌谣的名称。——译注

识到这一点。

片子的故事直截了当地呈现出日本的父亲形象，当自己的孩子屈服于社会压力，走投无路而选择赴死之际，日本父亲的强大表现在默默忍耐上，而丝毫不具备为了片子与社会抗争的强大。他明知是片子将自己与妻子从困境中拯救出来，但对容不下片子的社会却无力对抗。如若将与这类父亲形象形成鲜明对比的鬼，看作游牧民族型父性的彰显的话，那么，便可以理解看似对任何事都能忍耐和接受的日本人，无论如何也要阻止鬼入侵的举动了。

再者，若将《猿女婿》中的猿视为游牧民族型父性的象征，那么希望和女儿永远一起幸福生活下去的父亲，与女儿便有着相当牢固的联系，对于要入侵的新的父性，无论如何都要阻止，甚至不惜使用奸计将其杀死。

五　现代人的课题

正如前文所述，笔者想将对民间故事的探讨延伸至现代人的课题上，因此异类婚姻谭中尚有不少值得深思的细节问题未及详论，便留待他日再做考察，接下来先结合现代人的课题进行分析。异类婚姻谭中的故事，异类妻子不会被杀害，而异类夫婿却屡屡被杀害，这一点极为重要，在此有必要再强调一下。"猿女婿"类型的故事中也有版本讲到妻子"抛弃了半人半猿的孩子"，包含着片子主题。[①]而根据笔者的调查，在日本的民间故事中，片子这一情节仅出现在异类夫婿类型的故事中，并未见于异类妻子类型的故事。由此可知，片子与前述父性问题密切相关。

---

① 《日本民间故事大全》中所收录的是山形县最上郡的民间故事。

我们生活在现代日本，接触西方文化的机会越来越多，同时随着历史的发展，我们必须尝试引入从前日本民族并不熟悉的游牧民族式的父性。结合前述片子故事而言，便是不能让历尽艰辛跟随母亲回到日本的片子自杀。

片子的悲剧，使笔者联想到现代日本公认的一个社会问题——"归国子女"的悲剧。这些孩子跟随父母长期居住在国外，回到日本后，他们究竟感受到多么无处容身，甚至处于被迫自杀的境地，对此暂且不做详述①，但很明显，这是片子问题的一种典型表现，彰显了日本人母性化的一体感对外来欧美型父性入侵的无声排斥。

那么我们该如何应对呢？前文曾提及的"片子"类型故事⑦为我们提供了解答的提示——将片子装入瓶中，埋进土里。这可以视之为设置适当的孵化期。不是逼迫片子自杀，而是与之共存。直到把它再次挖出来，瓶子里的片子就变成了金钱，我想这寓意着某种有价值的变化，变成比金钱本身更贵重的东西。但是，这种变化也可以认为是间接地表述了片子之死，因此称不上一种积极的提示。

故事⑤中，片子因苦于无法压抑吃人的欲望，请求祖父杀死自己，祖父不答应，于是片子最终选择了自杀。片子请求他人杀死自己这一情节，使笔者不由得联想起前文所述《格林童话》中的《金鸟》存在的相同主题。在《金鸟》中，一直帮助主人公的狐狸，在最后请求主人公将它杀死并分尸，主人公开始时拒绝了，但在狐狸的再三请求下，最终还是照办了，结果狐狸变身为王子。

---

① 请参考大泽周子著，《同一片蓝天——海外归国子女是现代的弃儿吗》，文艺春秋，1986年。

若是片子的祖父也有勇气听从孙子所愿将其杀死，是否之后也会发生积极的变身呢？答案恐怕是否定的。因为西方的狐狸原本就是王子，只是被施了魔法才变成狐狸的模样，最后魔法解除，自然就恢复原形了。而片子在故事中所发挥的积极作用，的确与格林童话故事中的狐狸相似，但他的身形却与魔法无关，他原本就是人鬼结合生出的半人半鬼。因此，即使我们期冀发生西方式的变身将片子杀死，也无法得到所期待的结局。

依据故事⑤所讲述的，自杀而亡的片子变为虻和蚊，而原故事中还有变为水蛭的记述，从这一点可以看出它与日本神话中的水蛭子的关联性，对此不再深入探究。

对现代日本人而言，所要面对的课题应该是不逼迫片子自杀，也不因期待发生西方式的变身而杀死片子，而是让片子活下去，见证由此会创造何种新的想象，并为发挥这种新的想象而努力。

笔者在前文介绍过，于旧金山和洛杉矶所讲述的观点，从听众的反应中得知很多现代人心中隐藏着形形色色的片子，并为之挣扎。那次演讲结束后，主办方在给笔者的感谢信中写道："您的演讲使我们意识到，片子并非只存在于古代，他也存在于我们每个人的心中。"笔者当时主要以日本民间故事中的片子为主线，以日本人所面临的新的父性这一问题为中心展开了探讨。然而，如若结合尼达姆提出的普遍存在的"半人"形象来考虑，则会明白"半人"身上的分裂所蕴含的深刻寓意。卡尔维诺将它理解为善与恶的分裂，并惟妙惟肖地讲述了失去恶的善是多么的棘手。而实际上，可以说我们几乎每天都在体验纯粹的善有多么恐怖，想一想美国在越南、苏联及匈牙利以"善意"为出发点的所作所为便能明白。善与恶的片子问题，在现代依然是一个很深刻的问题。

美国听众中有人将片子问题理解为物质与精神的分裂，甚至有二代、三代日裔将其理解为日本人与美国人的问题。

由此而言，现代人中，每个人都会意识到自己心中的片子问题。那么，现代人面临的课题便是不再排斥片子，而要让他存活下去，并接受由他创造的新梦想。

第三章

日本人的美意识
——日本民间故事的解读

一　黄莺之家

关于日本文化问题，笔者业已做过许多论述。其中，尤其是通过分析《古事记》得出的"中空构造"理论[①]，以及在研究日本民间故事时提出的"女性意识"的观点，关系到日本文化的根源，至今仍对我的研究大有裨益，对此我没有需要补充的内容。本章中，我也会基于上述观点，从日本人的美意识出发，探讨日本文化的相关问题。因而，本章中的部分内容与笔者以前的论述会有重复之处，特此备注，敬请知晓。

在论述日本的民间故事时，于拙著《民间传说与日本人的心灵》[②]中笔者首先提到的便是《黄莺之家》，因为我认为这个故事完美地体现了日本民间故事的特性。这个故事的梗概如下：

---

① 拙著《中空构造的日本的深层》，中公丛书，1982年。
② 拙著《民间传说与日本人的心灵》，岩波书店（岩波现代文库），1982年。本章的论述在以上两部著作的基础上展开，未阅读过上述著作的读者，可能会感觉论述不够充分，敬请谅解。

一位年轻的樵夫在森林中发现了一处此前从未见过的豪华宅邸，从里面走出来一位美人，说自己要外出并拜托樵夫替自己看家，离开前她叮嘱樵夫"千万不要偷窥后面的房子"。然而樵夫还是违反禁令，进入宅邸后面的房子，他穿过一间间陈设华美的房间，来到了第七间房。在那里，他拿起放在房间里的三颗蛋，然后不慎失手掉落在地，打破了。美人回来见状潸然泪下，愤恨地埋怨，然后变成一只黄莺，叫着"我可怜的女儿啊，吱吱啾啾"飞走了。这时樵夫身边的一切都消失不见了，荒野里只剩下他一人。

以上是《黄莺之家》众多版本中的一个，不同的版本在细节上存在各种差异。关于这个问题在《民间传说与日本人的心灵》一书中已做过详细论述，此处不再赘述。唯有一点我想再强调，这类故事所具有的日本特色，即故事中的年轻男女，好不容易相遇了却没能结婚，最后女人独自一人离开。尤其是与西方民间故事相比较，这种特色尤为突出。西方民间故事的研究者也早已指出，日本民间故事中很少有男女结合的主题。

关于这一点，《民间传说与日本人的心灵》一书中已做过详细论述，在此不再重复。与西方"禁忌的房间"一类故事相比较，我们会发现，西方与日本相反，下禁令的是男人，而违反禁令的则是女人。女人在"禁忌的房间"中看到的，往往是尸体或是丈夫啃食尸体等丑恶的光景。而且违禁者常被处以死刑等刑罚（日本此类故事的特点是，大都没有惩罚的情节），这时会出现另一名男子来拯救女子，然后故事以两人结合而告终。与西方故事的这种大圆满结局相比，我们应该如何理解差异较大的日本民间故事呢？用西方式的说法，日本民间故事甚至可以说是"什么都没有发生"。著名学者麦克斯·吕蒂[①]论及日本与西方民间故事的差异时曾指出，"西方故事中违反禁令会引发主人公的冒险，由此实现身份提升，而这在日本民间故事中很少出现。日本此类民间故事的结局更像西方式的传说，失去一切，回到无的状态"[②]。

对吕蒂所提出的这种"无"的状态，我认为未必一定是持否定性的态度，甚至可以说，日本民间故事在积极地阐述"无"。关于日本故事中体现的对"无"和"空"的重视，笔者已在别的著述中做过详细论述，在此，我想探讨一下与"无"和"空"有关的美的问题。《黄莺之家》中所体现的美的问题，为我们研究日本人的审美意识提供了一个切入点。而对日本人而言，美与自身的存在有着极大的关联，对此我将在后文再做详细论述。

《黄莺之家》存在许多不同的故事版本，但男子违反禁令之后偷窥到的屋内的光景，在几乎所有版本中都被描述为极"美"的。其中出现最多的风景是"梅与黄莺"，其次是稻子成长的风景，风景尽管有所不同，但均展现了"自然之美"，这是各个版本的共同特点，它与西方《蓝胡子》之类故事中描述的悲惨阴暗的光景形成鲜明对比。那么，日本故事中的这种美，究竟意味着什么？又应该如何解读呢？

二 浦岛太郎故事中的美

关于浦岛太郎，我已在别的著作中做过详细论述，此处不再赘

[①] Max Lüthi（1909—1991），瑞士学者，在世界民间文学研究与童话研究领域贡献卓著。主要著作有《欧洲民间童话：形式与本质》等。——译注
[②] 麦克斯·吕蒂，《日本民间故事的特征》，收录于小泽俊夫编的《日本人与民间故事》中，行政出版社，1976年。

述。下面我们结合本章的主题——美,稍做探讨。

从《日本书纪》《风土记》等典籍中的记载到现代广为流传的故事,浦岛故事发生了相当大的变迁。其实,初始的浦岛故事原型中并未讲到海龟报恩,据《风土记》中的相关记载,一只五色龟变身为美人"龟姬",与浦岛结为夫妇。这则故事随着时代的发展,不断变化衍生出数量众多的版本。下面我们来看一下"御伽草子"[①]版本中对"龙宫城"所做的详尽描述。

故事中龙宫城的独特之处在于,它的四个面向可以欣赏到四季不同的自然美景。"先看东面,一派春意盎然。梅樱争相绽放,翠柳随风荡漾。莺啼渐近,穿云霞而至屋檐,繁花似锦,遍布枝头。再望南面,一派夏日风光。隔开春光之篱墙上,卯花开得正灿烂,池塘片片荷叶上,露珠泛起点点晶莹。池中水鸟嬉戏,掀起阵阵涟漪,水花四溅,带来丝丝凉意。树木葱茏,蝉鸣不绝。骤雨乍停,杜鹃啼鸣,云间传来清音,似报夏日已至。"随后,便是大段描写西面之秋季、北面之寒冬景色的文字。在现代广为流传的《浦岛太郎》故事中,浦岛和龙女结婚的情节业已消失,而对龙宫城难以描绘之美的强调却被保留了下来。

俄罗斯民间故事研究者契斯托夫[②]曾谈到自己给4岁的孙子读《浦岛太郎》故事的一个有趣的插曲。当他读到浦岛去了龙宫,看到龙宫殿宇的四个面分别对应着四季的春、夏、秋、冬,在殿内同时能领略到四季的风景和庭院的极尽奢华时,孙子对宫殿与庭院美景的大段描述丝毫不感兴趣,他似乎在期待着其他的情节,于是契

---

① 御伽草子,日本室町时代(1336—1573)至江户时代(1603—1867)初期创作的通俗短篇物语的通称。原指江户时代初期涉川清右卫门出版的23篇物语画册。后来把室町时代起出版的类似作品亦包括在内。作者多不详。——译注
② K.V.Chistov,《为何俄罗斯读者能够读懂日本民间故事》,收录于小泽俊夫编的《日本人与民间故事》中。

斯托夫便问孙子,他所期待的情节是什么。

孙子答道:"他什么时候会和那个家伙战斗?"孙子说的"那个家伙"指的是龙。他想,既然叫"龙宫",里面肯定会有龙,他期待着听到主人公与恶龙打斗并战胜它的情节。故事讲完了,但孙子直到最后也没能听到这样的情节,他不明白主人公为何不与龙战斗,而且主人公也没有与出场的龙王之女结婚。

由此可知,"英雄打败怪物"的主题对欧美人来说是多么重要。西方的孩子无法想象,"龙宫城"里没有龙出现。而且在他们看来,男人和女人的结合,有着极高统合性的象征意义,可以把它视为"与相反事物的统合"。但在《浦岛太郎》的故事中,可以说这种统合的象征,是通过与自然的四季共存的风光之美来呈现的。这对西方人而言,也是不可思议的。

值得注意的是,同为"统合"的象征,在西方,是通过人,即男人与女人的结合来表现的;而在日本,则是通过自然之美来表现的。如果将"自然"视为包含人类在内的广义的统合,而非把人类与"自然"相对立,那么,西方的"屠龙"故事便意味着对这种混沌"自然"的破坏。可以说,只要没有杀死母性化的自然,那么西方近代的自我便无法确立。

我并非要通过以上内容来主张日本的故事优于西方,而且浦岛太郎的不幸结局也让我们无法一味乐观地看待,《万叶集》中所记载的浦岛故事,甚至以主人公之死告终。

当然,人们产生试图去改变这种悲剧结局的想法是很正常的,在后来的版本中也能够看到人们的种种尝试,关于这一点,我在后文将继续探讨。

三　用美化解矛盾

前文中曾提到日本民间故事中的"禁忌的房间"，这里隐藏着自然之美，与西方故事中的阴暗悲惨大相径庭。而事实上，相信许多读者也留意到，日本神话中存在与西方类似的故事类型。伊奘诺尊[①]追寻死去的妻子伊奘冉尊[②]来到黄泉之国，伊奘冉尊下禁令不让伊奘诺尊看自己的模样，但伊奘诺尊却违反了禁令，结果，他看到了极其凄惨的光景，妻子身上爬满蛆虫。伊奘冉尊大怒，去追赶逃跑的伊奘诺尊。伊奘诺尊拼命逃回人世，并将一块大的"千引之石"堵在了人世与黄泉之国的边界处而顺利逃脱。然而，伊奘冉尊的满腔怒火难以平息，她宣称要在人间每日杀死1000个人。对此伊奘诺尊回应，自己也要让人间每日诞生1500个婴儿。这意味着两人之间以一种十分单纯的方式达成了某种妥协。

同样是违反了"不许看"的禁令，在神话中看到的是肮脏丑陋的景象，但为何在民间故事中却出现了差别呢？我们把日本神话中的另一个"禁止看"的故事——火折尊[③]与丰玉姬[④]的故事，作为解答这个问题的一个线索。在众所周知的海幸彦、山幸彦的神话中，火折尊与海底之国的公主丰玉姬结婚，之后他回到了陆地。丰玉姬怀孕了，也来到陆地生产，她叮嘱火折尊，在她生产时禁止去产房里面看。但火折尊仍跑去偷看，结果看到丰玉姬变身鳄鱼在生

[①] 又名伊邪那岐命、伊奘诺、伊耶那岐等。日本神话中神的名字极为复杂，在一部文献中同一位神也会出现多种不同称呼，再加上《古事记》《日本书纪》以及《风土记》等多部文献中出现的不同称呼，有时一人的名字会多达十几种。为方便读者阅读，译文中涉及的日本神话人物的名字，尽量选用常用名，重要人物加注注明其他常见异名，对名字所见文献不再一一备注。——译注
[②] 又名伊邪那美命、伊奘冉、伊耶那美、伊奘弥等。——译注
[③] 又名彦火火出见尊、山幸彦、火远理命等。——译注
[④] 又名丰玉毗卖。——译注

产，火折尊惊慌失措之下逃跑了，而丰玉姬因被看到原形而羞愧不已，返回了海底。故事后来的情节发展耐人寻味，丰玉姬一边怨恨丈夫，一边又按捺不住对丈夫的爱恋之情，临别之际赠以丈夫和歌，火折尊也以和歌应答，表达了他绝不会忘记妻子。

这个故事中值得关注的是，丰玉姬虽然怨恨违反禁令的火折尊，但她却没有像伊奘冉尊那样，在盛怒之下对丈夫施加惩罚。同样是被看到裸体，希腊神话中阿耳忒弥斯（Artemis）对阿克泰翁（Actaeon）施以处罚的残酷程度，与丰玉姬更是形成鲜明对比。而且，火折尊与丰玉姬的故事以两人互咏和歌告终。违反禁令的人与设下禁令的人之间的矛盾，通过互赠和歌的形式自然消除了。实际上，在浦岛故事的有些版本中，也存在类似解决矛盾的形式。这在西方人看来，应该会觉得十分稀奇吧。我的一位朋友——美国荣格派心理学家詹姆斯·希尔曼[①]曾说过，日本人很擅长用美来化解矛盾，我想这种主张也适用于此处。两者间的矛盾难以通过逻辑和道德简单地解决，即便解决了也会留有芥蒂，对于这种矛盾，日本人选择了用美来化解。

从这个角度来看，从伊奘诺尊与伊奘冉尊，到火折尊和丰玉姬，再到《黄莺之家》，用美来解决矛盾的特点似乎越来越明显。下面，我们把它与西方故事做比较来进一步探讨这个问题。

四　日本与西方

提到打破禁忌，西方人肯定马上就会想到夏娃违反神之禁令偷吃禁果的故事吧。在日本神话中，设置禁令的是女神，打破禁令

[①] James Hillman（1926—2011），美国荣格派心理学家，原型心理学的创始人。——译注

的是其夫神。而在犹太教、基督教的神话中，设禁令的是神，即男性，打破禁令的是人，即女性。但无论是日本，还是西方，在打破禁令后，都发生了十分重要的"分离"，这一点值得关注。具体而言，日本神话中伊奘诺尊在人间与黄泉之国的边界放下了"千引之石"，将黄泉与现世明确地分离开来。而在基督教神话中，人类被逐出伊甸园，自此神界与人间的界限分明。"分离"，是人类意识的一个重要的功能。人类通过意识，在混沌中区分出天与地、善与恶、光与暗。对人类而言，拥有这种意识以及了解这种意识相当重要，但同时也必须付出巨大的牺牲。据《圣经》记载，神并不希望人吃下知晓善恶之树的果实。而人类为了知晓善恶，最终付出了背负原罪的代价，这的确是巨大的牺牲。

在日本，打破禁忌在神与神之间发生，而非在神与人之间发生。通读日本神话，会发现其中的人与神之间的区分，并不像基督教那样严格。而此处"认知"的结果，是此世与彼世的区分，而非人与神的区分。伊奘冉尊被伊奘诺尊偷窥之后，怒火中烧，其举动很明显是要将伊奘诺尊杀死，可以说这里也存在着惩罚的意思。不过，伊奘冉尊追杀伊奘诺尊时，嘴里喊着"竟然让我如此羞耻"，由此可知，比起偷看的罪，这里更加强调了被看到的羞耻，这一点富有日本特色。丰玉姬和火折尊的故事也是如此，丰玉姬在自己的原形被火折尊偷看到时，语出"实在羞耻"，这里同样强调了羞耻，却没有提及罪过。

施禁者都是女性，这是日本故事的一大特征。相反，西方故事中则是由男性来下禁令的。关于西方的情形，我想可以从另一个角度来阐释。唯一至高的神禁止人类知晓善恶，而人类打破禁令，背负上了原罪，之后，神与人被严格区分开来，对人类而言，神变成至高无上的存在，只有神才是完美、纯善、毫无缺陷的存在。

西方故事中对女性施以禁令的男性，一方面让人感到是神的模拟形态，同时女性看到的又是男性丑陋至极的一个侧面，这究竟意味着什么呢？援引荣格分析心理学的理论来解读，可以说明确区分善与恶，或者说明确区别神与人，这种功能是基于父性原理的，正如犹太教和基督教中的神都是男性，这些都能看出父性原理的强大作用。产生于民众深层无意识的民间故事，有着对正统文化予以补偿的倾向。对女性施以强力禁令，试图支配女性的男性，有着极其丑陋的一面，男性努力不让别人看到这一面，这应该意味着父性原理的降级。即便不能因此断言至高之神身上也有"恶"，但降低了对父性原理的评价，这的确是事实。当然，之后另一名拯救女子的完美男子的出现，则意味着对父性原理的再评价。最后，故事以这位女子——这位清楚地了解父性原理相对性的女子——与男子结婚而告终，这应该意味着，只有通过母性原理的评价以及父性与母性的结合，才能产生完美之物吧。

简而言之，荣格学派认为，西方民间故事具有对基督教正统思想的补偿功能。其中心是民间故事中体现出对母性原理或者女性的重视，这可以视为对神话中夏娃偷吃禁果所表现的对女性价值贬低的补偿。相比而言，日本神话中已经讲述了女性的丑陋，施禁的也是女性，这一点明确地说明了日本与西方存在较大差异，不能一概而论。在日本，母性处于优势地位，从而女性成为下禁令的一方，但很明显，母性占据优势地位，不会像父性占据优势时那样，两者不会发展成正统与异端的关系。换言之，母性具有包容一切的特征，对事物的区分也比较模糊，因此很难明确指出何为正统。

在日本神话中，施禁女性的丑陋已经暴露给男性，这说明在神话层面上，补偿作用已经完成。所以日本神话中的母神，不像西方神话中的父神那样成为至高至善的存在，她并非以完美的姿态存在，而是表现为自身便带有阴暗的部分。

五 传说与民间故事

对东西方进行过比较之后，我们再继续探讨"禁忌的房间"类型的民间故事。日本的《黄莺之家》中，违反禁令所看到的房中景象，几乎都是美的事物。与之相对，在如《蓝胡子》之类西方同类型的民间故事中，看到的却是尸体等阴暗凄惨的场景。仅从民间故事来看，在这一方面，东西方存在着鲜明的对比，但当将研究对象转为传说时，结论就完全不同了。

以被改编成能剧的著名日本传说《安达原鬼婆》为例，其中讲到一位云游僧人途经安达原，来到一户人家，请求女主人让自己在家中借宿一晚。之后女主人上山捡柴，留云游僧一人在家，她临走时叮嘱僧人，她回来之前，千万不能偷看自己的闺房。此处很明显出现了"禁忌的房间"这一主题。故事照例发展为僧人违禁偷看了闺房。他看到的是闺房内堆着无数尸骸的极其阴惨的场景。僧人恐惧至极，慌忙逃走，女主人化为厉鬼紧追不舍。最终僧人吟诵起经文，依靠经文的力量驱走了女鬼。

在《安达原鬼婆》传说中，设下禁令的是女人，打破禁令的是男人，这一点与《黄莺之家》相同，但在"禁忌的房间"中看到的却是"尸体"，这与《蓝胡子》等西方民间故事相似，与《黄莺之家》中所看到的自然美形成鲜明对比。

结合这一点，我们再来看看西方的传说。

与民间故事不同，西方的传说与日本极为类似。其中以悲剧结局居多，专门研究西方传说的学者中，甚至有人曾指出西方民间故事多是大圆满结局，而传说则多以悲剧告终。然而，这一结论对日本民间故事却不适用。德国的传说中，有水妖变身成人与人类结婚的。这类传说中一般也有女性为了不暴露自己的身份，给男性设下某种禁令的情节。其中有的女性对男性定下禁令，坚决不许对方问自己的来历。而当男性违禁询问到女性来历，或者女性的身份暴露时，她便会舍弃丈夫与孩子，立即消失，这与日本如出一辙。可以说，日本与西方的传说存在极大的相似性。

西方的传说与日本十分相似，但民间故事为何会出现如此大的差别呢？传说与民间故事的区别究竟是什么？对此，许多学者从不同角度做出了解答。我认为，传说往往与特定的人物、场所以及物件有关，是由人类无意识生成的片段化的"故事"。与之相比，民间故事虽与传说之间有着很深的关联，但跨越时间和空间得到更为广泛的流传，在漫长的传播过程中，受到文化传承的影响，被刻意加工。因而，日本与西方的民间故事尽管存在共通的主题，但在"故事"的创作上存在不少差别。

对此我提出了一种假说，我认为在基督教国家里，传说演化为民间故事时，在伦理层面得到了补充完善，而日本传说的演化则在美学层面上得以愈加洗练。同为"禁忌的房间"主题，西方故事的重点是围绕主题的罪与罚、赎罪与宽恕等，日本则在其中发掘"美"的程度上费尽心思。

在基督教国家里，罪人会受到惩罚，但通过赎罪悔改又会得到宽恕；勇者会受到奖赏，恶者会消失。这一切的集中体现便是结婚，在前文中我已反复论及，结婚是故事的大圆满结局不可缺少的必备条件。

相比而言，在日本民间故事中，结婚却没那么重要。有些故事如《黄莺之家》，男女主人公相遇之后最终却会分开。还有如《鹤妻》一类的故事，即便男女主人公结婚了，但最后还是以女性离开而告终。在我看来，这是一种表现"美"的手段，那么这种"美"的本质究竟是什么呢？下文我将详加论述。

六　花　妻

关于日本民间故事中的"美"这一问题，将其特征呈现出来的故事，可举出"花妻"一类。①这类故事在《日本民间故事大全》中被归类于"本格新话型八　花妻"中，但这一类目下，目前仅收录了采集自新潟县长冈市的一则故事，因此若要对这类故事进行深入分析，还有待于今后的研究。这则故事题为《月见草新娘》，梗概如下。

年轻的单身马夫住在一个村庄里，他每天早上都上山割草喂马，一边割草，一边唱着动听的马夫歌。一天晚上，一位楚楚动人的女子来到他家，请求借宿一晚。马夫以自己独自居住，做不出什么像样的饭菜来招待客人为由拒绝了。女子说我会做饭，然后动手为两人做了晚餐。吃过饭后，女子请求马夫娶自己为妻，马夫同意了，于是两人结为夫妻，共同生活在一起。一天，马夫在割回来的草中发现一朵漂亮的月见草，喊妻子出来看，却没有听到回应。马夫进屋一看，妻子倒在地上，用她纤弱的声音对丈夫说，当初自己被马夫的歌声迷倒，所以来到马夫家希望能嫁给他，当这个愿望实现时，她十分高兴。她自己原本就是被马夫割下的那朵月见草的花精，她说："你

---

① 关敬吾等编，《日本民间故事大全》第7卷，角川书店，1979年。

割下了月见草，我的生命也要结束了。我们在一起的日子，我很感恩。"说完这句话，她就死去了。

这个故事完美地展示了日本民间故事中的"美"。马夫和妻子两人都没有恶意，月见草也很美，但故事却以悲剧告终。而女子悲剧性的死亡，令人感觉更加衬托出月见草的美。女子本是月见草的花精，早晚都会离开人世。然而在温柔的丈夫惊艳道"有一朵美丽的花，你要不要来看一看？"之后，她的鲜活生命凋谢了。这大概才是她的夙愿吧！

即便不能简单地断言女子死得其所，但无可否认的是，突然到来的"死亡"更衬托出月见草之美，并使得这种美变得独一无二。看到月见草之花时，感受到其美丽背后的"消亡"，美才变得完整。

为了弄清日本的"花妻"类民间故事的特点，下面我们将它与格林童话故事一起进行对比分析。据我调查，格林童话故事中涉及花变身为女子的故事有三个，分别是《爱人罗兰》《丁香花》和《谜语》。[①]这些故事中也存在花变成女子的情节，但实际上，她们原本就是女子，因为被施了魔法而变成了花，后来才得以变回女子。而在日本民间故事中，则是原本的花精变身成女子，况且她们的变身是依靠魔法还是其他，故事中完全没有涉及，与西方故事形成了鲜明的对比。在日本，人类与动物以及植物等其他物种的区别，并不像西方那样明确，变身比较容易发生。而且，日本的变身是动植物变身成人，但西方的变身，其实是被施了魔法变成其他形态的人重新变回人形。

格林童话故事中的《谜语》，描写的是男人在女人的请求下摘下花朵，然后花朵马上变成了人。这里的摘花也包含着"死亡"的主

[①]《格林童话》KHM56、76、160。岩波文库版日译本中对应序号为62、84、180。

题，不过这种死亡是为了让花重新变成人，获得重生，所以不会让人感到"死亡"的沉重。而在日本民间故事中，死亡本身以及伴随死亡的悲伤是故事构成的要素，所以两者之间存在较大差异。同样是以女性与花的关系为题材，但日本和西方的故事侧重点完全不同。

就日本民间故事而言，故事结束时听众内心所产生的"悲伤"情绪很重要。感受到这种悲伤的同时，看到月见草，美才是完整的。

对前述三则格林童话故事的内容，在此不再详述，简而言之，这三则童话都是以男子与女子结婚圆满告终。而在《月见草新娘》中，则是先结婚然后分离。故事中的男子并没有做违反禁令之类的错事，但两人依然以离别告终，这也证明了男女分离这一主题在日本民间故事中的普遍性。最后我想再补充一点，在异类妻子类型的日本民间故事中，大都是由女子主动求婚的。

七 完美与完整

前文对日本民间故事的特征——"美"进行了论述，下文我想进一步探讨这种美的特性。通过在美的意象中加入死以及衰亡，美才变得完整。对此，我想基于荣格提出的"完美"（Vollkommenheit）与"完整"（Vollständigkeit）的观点来解读。

荣格将这一观点运用于伦理层面。他用来表述的这两个词应如何翻译是一个难题，完全可以用其他不同的词来译，本文中则使用了"完美"与"完整"来表述。它们在英语中分别为"perfection"（完美）与"completeness"（完整）。荣格小时候被"恶"的问题所烦恼，一直思考该如何解决，最后得出了前文所述"完美"与"完整"的理论。前者指的是通过不断地消除缺点来达到找不出任何缺点的状态，后者是通过包容一切（尤其是包容缺点）来获得完整性。

"完美"基于男性原理的倾向较强，其至高无上的表现，便是犹太教和基督教正统观念中唯一的神——父神。"完整"则源于女性原理，其典型代表是包容一切的大母神形象。渴望完美的人，常常苦恼于不完整；而追求完整的人，则时时因缺点的存在而烦恼。若是只追求完美，容易走进死胡同；而只追求完整，便会陷入价值选择缺失的状态。荣格将这一观点用于伦理层面，对身为基督徒在现代生活中的苦恼做出以上论述。

若荣格的观点并非用于伦理层面，而是用于美学世界，援引荣格的理论用来思考完美与完整这两种美意识，便可发现，完美指的是在所有方面都没有丑恶的美，或者说是一种无瑕之美。与之相反，完整则是有意将丑陋以及缺陷也包含在内，通过包含缺点来实现完整性的美。

有的观点认为，若从完成–未完成的层面来判断，未完成的才可称得上美。例如，有学者以甘特纳[①]提出的残缺美（non-finito）的美学理论为基础，指出西方是追求完成的美，而东方则是追求未完成之美。对此，笔者认同今道友信的论述[②]，认为对这一问题不能如此简单地一言以蔽之。例如，绘画中因留有空白就可以判断为未完成，这种想法过于单纯了。今道友信认为，东方的美也是一种完成的美。在此，为了突显出日本与西方的差异，姑且将完美与完整对立起来看待。禅僧将庭院打扫干净后，故意留下几片枯叶，这便是完整之美的一则例子。没有一片落叶的庭院，体现的是完美之

---

① Joseph Gantner（1896—1988），瑞士美术史学家，著有《人像的命运》等。——译注
② 今道友信，《关于美》，讲谈社现代新书，1973年。
今道友信（1922—2012），日本美学研究者，曾任日本东京大学美学研究室主任、美学和艺术学教授，著有《关于美》《东方的美学》等。——译注

美，而有落叶恰当残留的庭院，体现的则是完整之美。

下面我们再将话题回到民间故事上。可以说西方的故事最后以男女结合告终，这是一种对正统性完美化伦理的补偿，体现了完整性的伦理；而在日本，随着伦理观念退居幕后，美便成为核心问题，"梅上黄莺"这样难得的美景，再加上因女性会离去而引发的悲伤情感，这样所表达的可谓是完整之美吧！特意地避免完美而成就完整，这种美的意识应该就是我们所谓的"物哀"吧！

不过，此处存在一个大问题，即日本的正统和异端之分。在西方，神话体现正统，民间故事予以补偿（也可视为一种异端），但这一解读模式并不适合简单套用于日本。如前文所述，日本母性原理占据优势，正统并不明确。若是硬将伊奘诺尊和伊奘冉尊的神话视作正统，那么便会令人马上联想到神话中所记，伊奘诺尊离开黄泉之国后即刻举行的驱邪去秽仪式这一事实。正如诸多先贤曾指出的，在日本，相较于善恶之分，更重视的是洁净与污秽之别。可以说洁净即为善。因此，驱邪去秽的仪式极为重要。或者可以说，基于这种观念，美学判断与伦理化层面混合在一起，于是日本人便将毫无污秽的完美作为崇高无上的目标来追求。我想这应该可称为日本的正统吧。

如此看来，在日本民间故事中反而体现出完整之美，成为对完美之美的补偿，这也与西方的模式相重合。但是，当实际地分析日本的美术等具体问题时，这种单纯的模式化处理方式并不是十分适用的。

相信读者从结论部分便可看出，以上论述尚未成熟。但这一课题不仅对于研究日本人的美意识，而且对于考察日本人的生活方式，也是极其重要的，值得今后着重研究，因而在此试以管见论之。

第四章
日本民间故事中的"异界"

一 "异界"的出现

　　民间故事的构造非常适合用来讲述"异界"。开篇一句"在很久很久以前",便能把人带往超越时空的那个世界。因此,甚至可以说民间故事中所讲述的内容基本都含有某种意义上的"异界"性质。

　　民间故事里所讲述的是完全日常化的生活。有一天,一个乞丐前来乞食,正在织布的女主人一脸厌恶地让他走开,女佣觉得乞丐很可怜,就给了他一个饭团,乞丐很感激,为了表达谢意,他送给女佣一条手巾。女佣用这条手巾擦过脸后,立刻变得漂亮起来,于是她喜出望外。这便是《宝手巾》(《大全》198A）①中的情节。就像这样,民间故事得心应手地将非日常的存在自然地显现于日常化的空间,这正是其言说的得意之处。尽管故事里没有直接说明,但很显然,故事中这个送宝手巾的乞丐来自某种意义上的"异

---

① 关敬吾等编,《日本民间故事大全》(共12卷）,角川书店,1978—1980年。

界"，那个世界有着超越这个世界常识的属性。人们对于究竟"来自何方，去往何处"并不明确，但他们却承认自己所属的某种"异界"的存在，最终会对解答自我"来自何方，去往何处"这一根源性问题给出一些线索，赋予人类存在稳固的根基。这个世界正是由于"异界"的存在，才有了存在的基础。

日常生活中偶然遇到的人或许是"异界"的来客，民间故事栩栩如生地向我们传达了这一点。"异界"会忽然出现在这个世界中。

有一个年轻人幻想自己若是能有一个不用吃饭又很能干的媳妇就好了，接着，他的梦想果然成真，"不吃饭的媳妇"（《大全》244）出现了。然而，那个女人头顶上的头发里藏着一个大嘴巴，一次就要吞下五升大米蒸熟捏成的大饭团。这个女人无疑也是与"异界"相关的存在。而且"异界"的来客未必一定会给人带来福气。不吃饭的媳妇那张藏在头发里的大嘴巴，对于这个年轻人而言，应该就是通往"异界"的入口。他一不留神，便差点儿被女人的大嘴吞下。

从这个角度来看，可以说民间故事中存在着各种"异界"忽然在日常世界中出现的故事。不过，民间故事中也有明确讲述人类访问"异界"的故事，这些故事里都描绘了"异界"的模样。那么，日本民间故事中对"异界"又是如何把握的呢？下面，我想通过海底之国和地底之国来略做考察。关于日本民间故事，笔者已在其他论著中系统地做过考察，下面的内容与之前的论述会存在一些重复之处，敬请谅解。

二 海底之国

提及日本民间故事中的"异界"，恐怕大家都会联想到浦岛太郎吧。浦岛太郎救过一只海龟，这只海龟带他去了海底的龙宫，在那里住了三年。这个海底世界可以视为一种"异界"。浦岛太郎的故事传遍日本各地，其故事情节大致相似。不过，最早在《风土记》以及《万叶集》中，便已经记载了浦岛的故事，然而流传于各地的民间故事，与早期记载的原始故事形态还是存在相当大的差异的。接下来我首先考察一下现代仍在流传的浦岛的故事。

民间故事所描述的龙宫是一个极美的地方，它很有特点。由于文化差异，世界各地的民间故事对"异界"的记述也会多种多样。将描述的重点放在美上，这可以称得上是日本民间故事的特征之一。其中讲述的美，既包括龙宫仙子的女性之美，也有龙宫的景观之美。尤其是后者，故事中所讲述的极具"异界"特色，与人类世界迥然不同。下面我们来看一下浦岛传说的各个故事版本是如何讲述"异界"的。

关敬吾等所编《日本民间故事大全》（224）中收集了大量分布于日本各地的《浦岛太郎》的版本。其中，采集自福岛县南会津郡的故事中，主人公说道："请让我看看四季的庭院吧。"这里所说的"四季的庭院"究竟意味着什么并不明确，应该和"御伽草子"中对龙宫的描述相类似吧。依照"御伽草子"中的描绘，龙宫中能够同时欣赏到四季各异的风景，很明显，这种设定是非现实的。

这种对"异界"的描述，如实反映了对日本人而言，自然之美是多么重要。鸟取县日野郡采集到的故事也有着异曲同工的内容，其中讲到"浦岛太郎相继参观了樱花盛开之厅、牡丹盛开之厅、插秧之厅、盂兰盆舞之厅、庙会之厅以及正月之厅"，这里不同的房间展示着四季不同的美景。故事中提到的"牡丹盛开之厅"以及"插秧之厅"等，这些可能仅仅是展厅的名称，或者也可能是展厅有描绘这些风景的绘画，又或者是一种超现实的设定，在各个展厅里能够看到四时不同的真实风景，这些从故事的表述中无法判断，但无论是哪一种，都强调了四季之美，这一点是毋庸置疑的。

　　浦岛类型故事中"异界"的另一个特征便是时间的相对性。浦岛太郎在"异界"度过的时间与人类世界的时间完全不同。有的故事中，浦岛太郎在龙宫度过了三天，相当于人间的三百年。也有的是三年相当于三百年，不同版本存在着一些时间长短的差异，但各个版本的共同之处，便是它们都传达了浦岛太郎在龙宫中所体验的时间与人世间的时间长度是不一致的。

　　采集自新潟县见附市的一则民间故事相当有趣。故事中讲述了一个人，他请村里的人替自家修葺屋顶，而他却趁机钓鱼去了。这时出现了一位美女，领他去了"水底净土"，在那里他成了美女的丈夫，他们生了孩子，又有了孙子、曾孙、玄孙。后来他牵挂家里就回去了。然而他回到家里，发现屋顶仍没修完。这则故事所讲述的时间，与一般浦岛类故事中的时间体验是相反的。他在"异界"已经度过了漫长的时期，而在人世间不过是短短的一刻。这与邯郸之梦有些相似，但在浦岛类故事中是十分罕见的。

　　在这个人世间，我们用一定的标准来定位时间与空间。我们在和别人会面时，通常会约定时间与地点。由此，时间与空间在我们的日常生活中显得极其重要。不过，人类通过时间与空间都变得相对化的"异界"的存在，使自我存在的根基更加稳固，这一点颇有深意。"异界"的时间体验与这个世界迥异，在那里四季之美同时并存，自古以来，日本人便通过对这种"异界"形象的想象，将自我的这一存在牢固地根植于这个世界。

三 "异界"的女性

浦岛太郎在龙宫所见到的龙女是非常美丽的女性。在与"异界"有关的日本民间故事中出现的女性，大都是年轻美丽的。而在西方故事中经常出现的巫婆以及具有大母神特征的老妇人等，在日本的故事中很少。有些故事中出现的住在山里的山姥，或许也会被视为一种"异界"的存在，但山姥一般住在距离日常世界不远的地方，而在海底以及地底之国这类明显具有"异界"性质的地方，一般不会出现巫女之类的人物，这是日本民间故事值得关注之处。

与浦岛故事类似，《龙宫童子》(《大全》223) 这一类型的民间故事中也讲到了海底之国，而且，这类故事中也有美女出场，同样也有大量版本流传。故事讲到一个年轻男子去了龙宫，龙女送给他一个流着鼻涕的小童，这个小童能为男子实现他所有的愿望。男子在小童的帮助下成了富人，便开始嫌弃小童流着鼻涕、衣着破烂的样子，把他赶走了。于是所有的一切都消失了，这个年轻男子又回到了从前"途穷日暮"的境况。

这个故事中名叫"途"、流着鼻涕的小童的出场，是极具特征的，关于这一点在后文会再度涉及。浦岛故事和龙宫童子故事的共同之处在于，年轻男子遇到美丽的仙女，却没有和她结婚，而是独自返回了人间，这是非常不可思议的。就西方的民间故事研究者而言，这应该是他们更加难以理解的一点，所以这一点经常被视为日本民间故事的一大特征。[1]其实，在浦岛类故事中也有极为罕见的提到结婚的版本。例如在采集自佐贺县东松浦郡的这个故事中，有"希望浦岛太郎与龙女结婚，但被他拒绝了"的情节。这里尽管提

---

[1] 参考小泽俊夫编，《世界民间故事》解说篇，行政出版社，1978年。

到了求婚，但最终结婚仍然未能实现。

浦岛太郎有如此数量众多的版本流传，但几乎都没有讲到结婚，这一点的确值得关注。唯一一个例外是采集自冲绳县具志川市的故事，里面提到"带着龙宫的妻子赠予的两个箱子回家了"，很显然，在这则故事中的浦岛太郎结婚了。

这个情节只存在于从冲绳县采集到的浦岛太郎故事中，它令我联想到了另一则采集自冲永良部岛的故事——《玉取姬》(《大全》227)。《玉取姬》只散布于鹿儿岛、长崎以及德岛等南方诸县。故事中讲到了男子与海底之国的女子结婚。这则故事的情节发展与浦岛故事存在较大的差异，它在日本民间故事中也属于比较特殊的，值得深思，故事梗概如下。

> 唐朝的王受恩于大和的和尚加那志，王为表示感谢和敬意，赠予他一枚宝玉。和尚加那志在乘船返回大和的途中，将这枚宝玉交由一位正直老实、武艺高超的男子保管。海底净土的大王也想得到这枚宝玉，就派自己的女儿去夺取。女儿对那个男子说："你娶我做妻子吧。"结果被男子拒绝了。之后她毫不气馁，再三地反复请求，最后她终于和男子结了婚。婚后，妻子对丈夫说："我已经是你的妻子了，你把宝玉拿出来给我看看吧。"起初男子拒绝了，但最后还是只拿出玉的一半（玉的一半意义不明）给她看。妻子拿过这玉的一半就吞下了并逃往龙宫。男子束手无策，只能去找和尚加那志报告了事情的经过。加那志便给他出了一个拿回宝玉的主意，于是男子按照他的计策娶了另外一个优秀的女子，又把宝玉的事情告诉了她。女子便潜入海底龙宫取宝玉，不幸在回岸的途中，被鲨鱼咬掉了一条腿，死了。男子将取回的这一半宝玉还给了加那志，遂返回唐王宫向唐王复命。

这则故事本身就令我很感兴趣，有机会一定要深入分析。在此先把重点聚焦到与龙宫女子结婚这个主题上来探讨。故事中男子与海底之国的公主结婚。但是，可以看出这则故事与浦岛太郎类故事以及龙宫童子类故事有着相当大的差异。在《玉取姬》中，并非男子到访海底之国，而是公主来到人类世界。此外还有一个特征是女子主动求婚，而男子似乎并没有积极的结婚愿望。这与西方民间故事中男子历尽艰辛之后得到女子，以结婚为终点大圆满收尾的故事类型完全不同。因而必须要说，即便日本民间故事中涉及结婚，其意义与西方的民间故事也有着极大的差异。

《玉取姬》中，龙宫公主靠着强行求婚最终成功与男子结婚，其实众所周知，这种模式也存在于浦岛故事的原始形态中。现在大多数人所了解的浦岛故事是以民间故事的形态传播的，如若从文献来追溯，《丹后国风土记》以及《万叶集》中所记载的故事是最古老的。《丹后国风土记》的故事中，完全没有浦岛太郎救助海龟的情节，它记述的是浦岛钓鱼时出现了一只五色龟，五色龟变身为一个女子之后，立刻向浦岛求婚。这个故事中，在浦岛访问"异界"之前，也有"异界"的女子出现在人类世界中，并表明要与人类男子结婚的意愿，这一点值得注意。

前文中曾讲到，日本民间故事中出现的"异界"女子几乎都不属于大母神类型，但《风土记》中的龟仙女的确具有大母神的特质，具体而言，从这个人物身上能让人感到，她会将浦岛这个人类男子吸引过来，并吞噬他。《玉取姬》里的公主身上，这一点就更明显了，吞掉宝玉这一行为，便具有类似的象征意义。可以说这里所讲述的结婚，并非意味着男子与女子的结合，或是相反事物的统合，而是具有大母神性质的世界将男子吞噬的意味更为强烈。

浦岛太郎故事的众多版本中，讲述到结婚的仅见于冲绳的版本，而《玉取姬》故事也仅存于南方，由此可以推测，在这一带，应该保存着日本民间故事中住在"异界"的女子形象较为古老的原型。而在其他地区的此类民间故事中，大母神的要素被削弱，逐渐演变为少女形象，或者可以说演变为无法被视为结婚对象的一种存在。这些结论目前还仅仅是推测，尚待日后更详尽的考察。

关于《龙宫童子》中出场的小童，柳田国男[①]及石田英一郎对他一直很关注，并做出了十分著名的论述。柳田国男指出："日本的龙宫与他国皆不相同，传递大海消息的人往往都是女性，不仅如此，怀抱神奇的小童来到人世，欲与人类结缘的也是她们。可以说对于日本国民而言，海是他们永远的母之邦。"[②]石田英一郎也一直关注这类故事中的"小童"与类似母亲的人物之间的关系。两位学者都强调了"异界"存在"母亲式的人物"这一特征。

从母与子的角度来看，如《龙宫童子》的故事中，年轻女子的背后往往有老翁的存在，再如《玉取姬》的故事中有女儿与父亲的存在，从这些来考虑，我认为从"外祖父-母亲-儿子"这个三人组合的角度来考虑"异界"的构造，是非常适合的。关于这一点已另著论述[③]，此处不再重复，仅强调一点，基督教中的天国（也可以说是一种"异界"）世界中存在着"父-子-圣灵"三位一体的构造，与之相比，日本的三人组合的特征，是依靠血脉连接在一起的，而且其中母亲尤其被重视。我想这一点在思考日本文化时非常重要。

---

① 柳田国男（1875—1962），日本民俗学的创立者，被誉为"日本民俗学之父"。著有《远野物语》《桃太郎的诞生》等上百部民俗学著作。1951年荣获日本文化勋章。——译注
② 柳田国男，《海神少童》，收录于《定本柳田国男集》第8卷，筑摩书房，1962年。
③ 拙著《民间传说与日本人的心灵》第8章，岩波书店（岩波现代文库），1982年。

四　地藏净土

日本民间故事中讲述的另一个"异界"，便是地底世界。《地藏净土》(《大全》184) 以及《鼠净土》(《大全》185) 中都讲到了这个世界。两个故事均散布于日本全国各地，并且存在大量的版本，可以称得上是日本具有代表性的民间故事。《地藏净土》故事又被称为《饭团子咕噜噜转》，至今仍是家喻户晓的故事。

《地藏净土》故事中，讲到饭团子滚到一个洞里，也有些地方的版本说的不是饭团子，而是丸子或者豆子之类的东西，这里因地而异，总之，以偶然发生的事情为契机来到"异界"，以及主人公为老人，这些都是此类故事的特征。故事中没有年轻女性出场，或许因为这个缘故，主人公是老人。日本民间故事中经常出现老人，这一点通常被学者指出。偶然被引导到"异界"的老人首先见到的是地藏，接着鬼就出场了。

应该如何看待日本民间故事中的鬼，这个问题十分复杂，很难一朝一夕得出结论。一般认为，鬼是一种超自然的恐怖的存在，但它也会赌博，在这方面总感觉它与人相似。从与"净土"和地藏菩萨形象的关联来考虑，鬼给人以一种住在"亡者国度"的印象。或者也可以视之为亡者自身的形态。那么这里的"异界"，自然可以视为亡者之国。

在海底之国，"美"被强调，与之相对，地底之国被强调的则是恐怖。当然，故事中鬼被老爷爷骗了之后慌忙逃窜的情节颇有些幽默。但听到鸡叫时，鬼便会逃走这一点，表明了鬼是夜晚的存在，厌恶天亮吧。听到鸡叫慌忙逃窜的鬼让人感到滑稽，但接下来到访的"邻居老爷爷"被鬼吃掉了，这么看来鬼还是很恐怖的。

在鼠净土类的故事中，虽然没有被鬼吃掉那么恐怖的情节，但大量版本的结局都是"邻居老爷爷"失败之后无法从洞里出去,最终死在洞中。因此,可以说"异界"被描绘成极其危险的场所。

"异界"是一个超越现世的存在,这一点从某种意义上来说是超现实的。日本民间故事中讲述的"异界",被分成海底之国与地底之国,前者具有超现实的"美",而后者则有着超现实的"恐怖"。来访的主人公,前者很少能获得幸福,而后者往往能变得幸福,这也体现了"异界"的矛盾性,很耐人寻味。

第五章
《风土记》与民间故事

一 序言

日本是一个盛产民间故事的国家，而且在经济发达国家中，现在恐怕也只有在日本，民间故事研究者对实际流传至今的民间故事进行了采集整理，获得了丰富的资料。由于近年来民间故事研究的迅猛发展，大量民间故事的记录得到整理出版。这些成绩也给我们深层心理学的学者带来极大的便利，为我们提供了大量研究日本人深层心理构造的资料。

深层心理学研究者中，荣格派尤其重视研究民间故事，其研究主要集中在欧洲民间故事上。相比较而言，笔者一直以日本的民间故事为素材展开研究，在通过民间故事探究日本人心理的同时，也试图证明人类心理的多样性。具体地说，我认为诞生于欧洲的近代自我认知，并非唯一正确的人类心理模式，人类的心理模式是更加多样化的，其中之一便是日本人的自我。我在探明日本人自我特性的同时，也试图证明各种文化中的心理都存在各自不同的模式。这一点已在拙著《民间传说与日本人的心灵》①中做过详细论述,此处不再赘述。

如上所述,研究民间故事是探究日本人心理的一个重要环节。而且,民间故事经由世代流传保存至今,其中的许多内容与自古以来文献记载中的神话、史实以及传说中的记录极其相似。例如尽人皆知的日本民间故事《浦岛太郎》,在本章后文要探讨的《风土记》中也有记载,题为《浦屿子》,见于丹后国的记录中。事实上,《浦岛太郎》的故事在以《风土记》为代表的各种文献中都有记录,而且故事内容随着时代的变迁所发生的改变,也能从这些文献中找到明确的痕迹,通过对比分析这些记录中的不同,能够探明时代精神的变化,具有相当大的研究意义。这在前述拙著中也已做过论述,我认为从这一视角出发,调查《风土记》中究竟存在多少民间故事的素材,对今后的民间传说研究意义深远。

在中世②的说话集中,也记载了许多与民间故事类似的内容。例如在《宇治拾遗物语》中就记载了与民间故事《稻草富翁》几乎相同的故事。对此做详细的梳理,便可明确哪些故事在《风土记》与说话集中都有记载,两者又存在哪些差异,哪些故事仅见于《风土记》,而在说话集中却已消失,等等。厘清以上问题不仅对民间故事研究意义深远,也能够为我们考察日本人心理的时代变迁,提供有益的线索。

《风土记》是"依照和铜六年(713)中央政府的命令,由地

---

① 拙著《民间传说与日本人的心灵》,岩波书店(岩波现代文库),1982年。
② 中世,日本划分历史时代的一个时期。在古代之后,近世之前,是封建制社会的前半个时期,在日本主要为镰仓时代和室町时代,约为12世纪末至16世纪中后期。——译注

方政府记录编纂的指定事项报告公文书"[①]。和铜六年是"《古事记》成书的翌年，比养老四年（720年）编纂的《日本书纪》早七年"，的确是年代久远的文献。当时佛教已经传入日本，《风土记》与中世说话集相比，因为后者本来就是收集佛教故事的佛教说话集，佛教色彩强烈，但《风土记》中记载的故事很少受到佛教的影响，因此对研究日本人自古以来的思想而言，是十分宝贵的资料。

《续日本纪》和铜六年五月甲子一条中，关于《风土记》的收录原则记载了以下五项。[②]

（1）郡乡名称（地名）皆以好字（寓意吉祥的两个汉字）命名；

（2）为郡内物产（除农工业产品以外的自然采集物）编写目录（物产名录）；

（3）土地（耕地以及可耕种土地）的土壤肥力；

（4）山川原野（自然景物）名称的由来；

（5）自古流传的趣闻逸事（传承）。

以上项目中第五项与我们的研究最为相关。这类记载既非史实，也非传说，然而，如若将这些内容脱离特定的地点、人物和事物等，再于故事的开头加上"很久很久以前"来讲述，那么它就会变为民间故事。荣格派心理分析家玛丽-路易丝·冯·弗朗茨就曾用瑞士乡村的事例，列举出实际发生的事情演变为传说以及民间故事的例子[③]，这种做法应该是世界共通的。如若将这类传说当作

---

① 本文中关于《风土记》的内容，皆引自秋本吉郎校注，日本古典文学大系2《风土记》，岩波书店，1958年。此处引自"解说"部分。
② 同前注《风土记》"解说"部分。
③ 见玛丽-路易丝·冯·弗朗茨著，氏原宽日译，《童话心理学》，创元社，1979年。又见徐碧贞中译，《解读童话：遇见心灵深处的智慧与秘密》，北京联合出版公司，2019年。——译注

"神"的故事来讲述，便会成为"神话"。因此，或许可以说《风土记》中充满了传说以及神话的片段。

传承下来的神话片段以及奇闻逸事之类，若要演变为民间故事，需要具备相应的条件。《风土记》中也有不少记载，包含极有可能演变为民间故事的主题，但实际上却未能变为民间故事。

相反，也有一些日本民间故事中的重要主题，在《风土记》中却从未出现过，这一类型也值得关注。如前文所述，通过考察这些内容，可以了解日本人的心理与思想是如何随着时代的变迁而产生变化的。但在做这些考察时需要极其谨慎，这是因为《风土记》只有极少部分残存至今，仅通过这些残存部分来得出概括性结论，是十分危险的。考虑到这一点，我要提醒大家不要轻下论断。

关于《风土记》，我已经与中西进、山田庆儿一起在合著中做了全面探讨。①书中也考察了《风土记》与民间故事的相关性，在此我将更为详细地介绍考察的结论，以期对今后的民间故事研究有所助益。

二 民间故事的主题

在《风土记》中，很多内容都可能成为民间故事的主题。不过其中的一部分并未见于目前采集到的民间故事。在此暂且将《风土记》中可能演变为民间故事主题的内容分类罗列出来，并且附以简单的评论。分类的方法较为随意，从《风土记》中相对比较常见的民间故事的主题类型以及重要的思想类型开始加以阐述。

---

① 中西进、山田庆儿、河合隼雄著，《昔日可在琵琶湖捕鲸》，潮出版社，1991年。

（一）变身

变身的主题在全世界的民间故事中都能看到，但只要我们对它们进行仔细的分析，便会发现这一主题在不同的文化和时代背景下存在着不同的特征。日本的《风土记》中也记载了许多关于变身的故事。其中，天鹅变身为少女的故事以及与蛇有关的故事尤为重要，而且数量众多，所以另行单独立项，加以阐明。

男女变身为松树（《常陆国风土记》73—75页[①]）

在一个名为童子女松原的地方，一对年轻男女在对歌节上相互爱慕，不知不觉已然天亮，两人因羞耻"化成松树。男子称作奈美松，女子称作古津松"。这便是人变身为松树的故事，正如希腊神话中也有达芙妮变为月桂树的故事，可知人类变身为树，是相当常见的故事类型。不过，这两个年轻人为何感到羞耻，是在对歌节上男女两人不可以一起待到天亮？这些尚未明确。

神变身为鸟（《出云国风土记》129页）

神魂命之女宇武加比卖命变为法吉鸟，她的坐镇之处，被称为"法吉之乡"。人或人的灵魂变为鸟的故事，在全世界都有流传。遗憾的是，这里没有讲述变身为法吉鸟的缘由，法吉鸟即为黄莺，民间故事《黄莺之家》的起源或许也在此处。这里变身为鸟的神是女神，所以民间故事中变身成黄莺的大概也是女性吧。

龟变身为人（《丹后国风土记》逸文470—475页）

人们一般认为，这里记载的《浦屿子》的故事是浦岛太郎故事的原型。它讲述了一个名为水江浦屿子的男子，他在钓鱼时，从海里钓到了"五色龟"，龟变为美女向屿子求婚，之后两人同往蓬莱山。这里原本存在的变身主题，随着时代的变迁逐渐消失了，龟仙

[①] 所标注页码为前注日本古典文学大系2《风土记》中的页码。

女的形象分离为龟和仙女,而且受到佛教故事的影响,后来又多了乌龟报恩的主题。

广义上的变身,并不仅仅是人的变身,也包含物的变身,《风土记》中也有此类记载,其中有些涉及石化,特地将它们整理记录如下。

琴化身为樟树(《肥前国风土记》391页)

在关于琴木冈一地由来的记载中,讲到景行天皇来到一处平原,说"此地之形,应有冈",于是命人造了山冈。在山冈上举行宴会后,琴被竖立起来,那琴便化为樟树。

人头变为岛(《近江国风土记》逸文459页)

此处至今尚存疑。夷服岳(即伊吹山)之神与其侄女(一说为妹妹)浅井冈神浅井比卖比试谁的山高。浅井比卖竟在一夜之间将浅井冈增高了,夷服岳之神一怒之下,砍了浅井比卖,将她的头扔进湖中,这湖因此变成了岛,即竹生岛。

镜子变为石头(《丰前国风土记》逸文511页)

讲述镜山由来的记载中,提到神功皇后所言,说"天神地祇皆赐福于我",于是,在她说话的地方,放置了一面镜子,随后镜子就变成了石头。

鳄鱼和鲸鱼变为石头(《壹岐国风土记》逸文527页)

从前,有一只鳄鱼追赶鲸鱼,鲸鱼逃走,并隐匿起来。随即,鳄鱼和鲸鱼都变成了石头,两者仅相距一里之远。

舟变为石头(《伊予国风土记》逸文497页)

从前,有人造了一艘叫作熊野的船,船变成了石头,因此此处被称为熊野。

还有一些记载,与其说是变身,更应称为神的化身,有些甚至可以视为神的名字。

神化为白鹿(《尾张国风土记》逸文443页)

川岛之社中记载,圣武天皇在位时,凡海部忍人说,有神变为白鹿不时现身,因此天皇下诏将该社奉为天社。

大神化为鹫(《摄津国风土记》逸文,参见428页)

记载中说,"昔日有大神,名为天津鳄,化为鹫,降于此山"。这里所说的"鹫",被认为是神的化身,选择鹫,大概是为了表现神强大与威严的形象吧。

上述关于变身的记载中,作为"物"的变身,有琴化为樟树的记述,这大概是因为琴与樟树在古代都属于神圣之物吧。根据《伊贺国风土记》逸文(431页)中记载,女神经常下凡弹琴,当她被人们看到时就弃琴消失了,人们便把这琴当作神来祭祀。虽然所记载的内容可做参考之用,但它展示了琴所代表的神圣力量。琴在后来出现的日本物语中发挥了重要作用,但是,在民间故事中它却几乎没有出现。

樟树能长成参天大树,应该也给人以一种神圣感。在上总国及下总国的《风土记》逸文中,记载了可供参考的内容(451页)。有一棵高达数百丈的樟树,天皇命人为它占卜,得到"此乃天下之大凶事也"的结果,于是命人将它砍伐。上半部分树枝叫上总,下半部分叫下总。"总"据说是指树枝。另外,在《播磨国风土记》逸文(483页)中,记载了广为人知的《速鸟》的故事,讲的却是樟树,是砍倒樟树制成被称为"速鸟"的船的故事,这也可以视为一则展示樟树威力的故事。

说到速鸟船,民间故事中有一种故事类型——《木魂入赘》(《大全》109),也提及相关的主题,在此略做介绍。故事也是讲砍伐大树造船,但船的体量之大,难以移动。这时却有一位姑娘想出了好办法,能使船顺利下水。可以看出,这类故事与"速鸟"主题存在关联。顺着笔直挺拔冲往云霄的高大树木砍伐，把它变为一艘沿着水平行驶的大船，由垂直轴变成水平轴的这种变化，在古代的人看来，或许也是一种非常厉害的"变身"吧。

此外，关于"物"的变身，《风土记》中还记载了镜子、鳄鱼、鲸鱼、船等物的石化演变。以石化作为主题的神话以及民间故事，在世界各地广泛存在。石化的本身蕴含着永恒性，这是它所具有的积极的一面，同时它也有消极的另一面。由于石化，物件失去了活力，变得僵化等，《风土记》中的例子相对而言，更多地展示了人们对石化永恒性的理解。

（二）天鹅的变身

天鹅变身为少女的故事，如著名的俄罗斯故事《天鹅湖》等，广泛散布于世界各地。这或许是因为天鹅有着雪白的羽毛、婀娜的体态以及从天而降等特征，非常适合用来描绘纯洁的少女形象。日本民间故事《仙女妻子》（《大全》118），应该也属于天鹅变身少女这一故事类型。

《风土记》中也存在相当多有关天鹅的记载。除天鹅变身少女的故事类型之外，还有其他类型，一并列举如下。

《常陆国风土记》（75—77页）中记载了一个称为"天鹅之乡"的地方。天鹅从天而降变身为少女，"采石造池，欲筑堤坝，然而积年累月，枉然徒劳，堤坝筑就即毁，至终也未能造就"。之后记载的天鹅所咏之歌晦涩难懂，存在各种不同的解读，对此暂不做深究。总之，最后天鹅回到天上，再也没有回来。

《丰后国风土记》（357页）中记载说，以前丰后和丰前两地，曾合称为丰国。传说管辖此地的菟名手来到中臣之村，天鹅从天而降，变成了年糕，年糕又变成了芋头。菟名手见状，喜出望外，将芋头作为贡品，进献给景行天皇，天皇说："此乃天之瑞物，地之丰草也。"因此，将该地命名为"丰国"。

《丰后国风土记》（373页）中记载，有一个农民开垦水田，粮食大获丰收。之后他变得豪侈浪费，竟然用年糕当作射箭的靶子，年糕立刻变为天鹅，飞往南方，一去不返。那一年，农户都死绝了，地也荒芜了。

《山城国风土记》逸文（419页，载为"存疑"）记载了京都伏见稻荷神社的由来。将年糕当作靶子，年糕即刻变为天鹅飞向山峰，山峰上便长出了水稻，由此神社便被命名为"稻荷"。

《近江国风土记》逸文（457—458页，载为"存疑"）记载说，"天上八位仙女，皆化身天鹅"，从天而降至近江国的伊香江，入水沐浴。一个名叫伊香刀美的男子，偷偷打发他的白犬盗取仙女的天羽衣。年龄最小的仙女被偷走了天羽衣，七个姐姐飞走了，仅留下她一人。伊香刀美与小仙女结婚，生下两个男孩、两个女孩。后来，小仙女终于找到了自己的天羽衣，她飞回天上，伊香刀美"独守空床，吟咏不绝"。

《丰后国风土记》逸文（514页，载为"存疑"）记载说，球珠郡有一片旷野，在那里开垦农田，并居住下来的人，做了年糕当作射箭的靶子，年糕变成天鹅飞走了。自那之后，田地逐渐荒芜，最后变成一片荒野。

以上便是《风土记》中所记载的天鹅变身的故事。首先可以看出，在天鹅变身为少女的记载中，常陆国的故事中仅仅提到天鹅变身为少女，而在近江国的故事中，还讲到天鹅化身的少女与人类的男子结婚，甚至还出现了偷走天羽衣的内容，这与民间故事《仙女妻子》的内容十分相似。不过，在民间故事中，仙女开始便是仙女，并不是由天鹅化身而成的。如若讲鸟变身为女子的民间故事，那么必须提到的就是《鹤妻》(《大全》115)了。

《近江国风土记》中,仙女与人类男子结婚并生子之后,最终仙女找到天羽衣后还是离开了。民间故事《仙女妻子》中,仙女离去后男人不断追寻,最终两人得以再次成婚。但是,在日本的民间故事中,更为普遍的结局是,即便仙女与人类结了婚,还是会像《鹤妻》那样最终离去。对此,国内外众多学者都曾指出,西方民间故事往往是以结婚告终的大圆满结局,而日本民间故事大都以悲剧收场。关于这一点,《丹后国风土记》逸文(466—468页)中所记载的《奈具神社》值得关注,故事并未出现天鹅,仙女以悲剧告终。

故事讲到在丹后国的比治里有一口井,名为真奈井,八个仙女下凡,在此沐浴。一对老夫妇看到之后,悄悄将其中一个仙女的衣服藏了起来。其他的仙女都飞回天上,而失去衣服的仙女留了下来,在老夫妇的强烈请求下,仙女就做了他们的养女。仙女长到十余岁时,开始酿酒,酿出的酒有着治愈疾病的功效,因此卖出高价,不久老夫妇就变成了富翁。他们一成为有钱人,就对仙女说:"你并不是我们的孩子,我们只是暂时留你住在家里,你快走吧。"仙女仰天大哭,无奈地离开了家。她一边哭,一边四处流浪。有一天,她来到"竹野郡船木里的奈具村",说:"吾心绪难平。"①之后仙女留在了奈具村,在奈具神社安居下来,成了神社的主神——"丰宇贺能卖命"。

这则故事揭示了人类对仙女恩将仇报的恶劣品质。民间故事《鹤妻》被木下顺二②改编为话剧《夕鹤》,剧中突出地表现了男人的欲壑难平,这种流变的源头或许可以追溯到《奈具神社》。《夕

---

① 日语中心绪平静的古语发音与"奈具"相同。——译注
② 木下顺二(1914—2006),日本剧作家。话剧《夕鹤》是他的成名作,发表于1949年。

鹤》在现代人中引起了巨大反响，由此可以看出，天鹅变身少女的故事具有超越时代的魅力。天鹅的故事以上述的形式记载在《风土记》中，这令人深思。

其次是天鹅变为年糕，或者年糕变为天鹅的类型。我想这大概是由两者都是白色而产生的联想吧。用年糕做箭靶，年糕就会变为天鹅飞走，这类故事也见于《日本民间故事大全》补遗32中的《年糕箭靶》(采集自冲绳县宫古郡)。因为仅此一则，并未见其他流传的版本，因此也很难论断这类民间故事与《风土记》之间的关联。总之，这种主题出现在宫古郡流传的民间故事中，这一事实值得关注。

在有关丰国之名由来的记载中，讲述了天鹅变为年糕，年糕又变为芋头的一系列不可思议的变化。虽然芋头是从土里挖出来的，但这则故事或许是想强调它同时也是上天的恩赐吧。

（三）蛇的变身

除了天鹅，《风土记》中也记载了不少蛇的变身故事。蛇也是一种广泛存在于世界各地民间故事中的动物。天鹅主要与女性形象相关联，而蛇则不同，它既能化身为男性，也可以化身为女性，这是它的重要特征。下面我将一一列举《风土记》中有关蛇变身的故事。

化为夜刀神的蛇（《常陆国风土记》55页）

此处蛇被描述成可怖之神。继体天皇在位时，箭括氏一族中有一人，名叫麻多智，他开垦芦苇原野拓宽新田，当时夜刀神大量出现妨碍他，据记载"谓蛇为夜刀神。其形状为蛇身而头上有角。率领逃荒避免看到，否则会家破人亡，断子绝孙"。其中逃荒时不能看是一种禁忌。后来，麻多智拿起武器，打杀蛇群，驱赶"至山口，遂将一根棍棒放置于界沟，且向夜刀神宣称：'许可此处以上为神之地，此处往下为人之田。从今往后，吾为神之祭司，永世供奉祭祀。万望勿作祟，勿怨恨。'"然后，建起神社祭祀夜刀神。

　　这展示了人类在面对凶神时的一种典型的应对方式：通过设定界限来明确神与人各自的领域，并约定人类世代祭祀神明，而神明则不能为害人类，由此达成一种妥协。此时，如若一味强调对方凶狠害人的特性，那么对方就是一种"恶"，必须彻底驱逐；相反如果仅承认对方身上的"神性"，那么人类就只能完全听从对方的命令。日本的神处于两者之间，因而会与人类达成妥协。日本民间故事中，人类几乎不会将鬼以及山姥等彻底驱逐，往往是通过将它赶走并以设定界限的方式来避祸，这种思想的源头业已在《风土记》中发现多处。

神蛇隐避（《常陆国风土记》上则后续）

　　此为上一则蛇神社故事的后续。到了孝德天皇治世时，决定在蛇神社一带修建池塘。夜刀神爬上池塘旁边的一棵橡树不肯离去。于是，天皇称"修此池旨在利民生，无论何方神圣，皆应从命"，然后命令当差的人打杀一应虫类，最后"神蛇避隐了"。这些记述既可以解读为"文明开化"的力量驱散了当地本土神灵，也可以解读为天皇一族驱逐敌对部族，只是在解读为后者时，被赶尽杀绝的虫类中出现的"土蜘蛛"等称呼，很明显这是部落名称，而"蛇"则不同，关于蛇的记述更多与作为动物的蛇的意象相重合，这一点很有特色。

断角之蛇（《常陆国风土记》77页）

　　前项记载已有体现，《风土记》中出现的蛇常常长着角。这究竟有何寓意，又源自何处，均尚未明确。大概是为了彰显蛇的强大和可怕吧。本段记载讲述了香岛郡"角折滨"名称的由来。"上古，有大蛇，欲通东海，掘滨凿穴，蛇角折落。"据说"角折滨"之名便来自此。蛇角折断意味着什么，笔者亦尚未有定论。在这一段之后，以"或有人云"的形式还记载了一则不同的说法：倭武天皇（倭武在《风土记》中经常被称为天皇）来此海滨时，为了取水做饭，以鹿角掘地而鹿角折断，故此海滨被命名为"角折滨"。当时，人们或许对"蛇角"的意义难以理解，所以在民间故事中并未出现长角的蛇。

蛇女婿的故事（1）（《常陆国风土记》79页）

"蛇女婿"的主题在日本民间故事中并不少见，"蛇女婿"类型的故事中存在不少类似的版本。而且这一主题也见于神话，如《古事记》中关于三轮山大物主①的记载。这些与《风土记》中本项记述的关联性值得深思，故做详细介绍如下。

> 茨城乡里住着一对兄妹，名为努贺毗古、努贺毗咩。有个男人每晚都会来到妹妹的房间，却从不道明自己的身份。后来，努贺毗咩怀孕产子，生下的是一条小蛇。小蛇日间不言不语，到了夜间就会同母亲讲话。努贺毗古与努贺毗咩十分震惊，认为这孩子应该是"神之子"。他们将小蛇放入一个干净的杯中，过了一夜，小蛇就长成杯子一般大，于是用一个大容器代替，小蛇又长得与容器一般大，如此反复三四次，终于无容器可盛下小蛇。母亲便对小蛇说："量汝器宇，自知汝为神之子。非我亲族可养育，汝不应在此，应去汝父之处。"孩子虽然很伤心，但是却不得不遵从母亲的命令。但孩子提出不想独自一人上路，想"带一小童随从"。母亲说，家里只有你的

---

① 三轮山大物主，《古事记》中三轮山的山神，又称三轮明神。——译注

母亲和舅父，无人可以随行。孩子听后心中怨恨沉默不语。离别时，小蛇难掩怒火，杀死了舅父，正要升天时，母亲震惊之下拿起盆扣住小蛇，因此小蛇最终未能升天，留在了山峰上。

兄妹组合，妹妹的丈夫出现并与兄长之间产生龃龉，这些桥段让人联想到《古事记》中有名的沙本毗古与沙本毗卖的故事。人们一般认为这个故事反映的是母系社会向父系社会转变过程中产生的问题。在民间故事《蛇女婿》中，蛇女婿的结局往往是被杀死，但这应是更为后期的故事，早期的故事原型中，蛇女婿与《古事记》中的"三轮山大物主"一样，都是神，其子也应是作为具备神性的人类而受人尊崇吧。从这个角度看，此处的记载应是处于"三轮山大物主"神话与"蛇女婿"型民间故事的中间形态，值得关注。

文中提到，将小蛇放入容器中它便越长越大，如同字面意思，超出这家人的"器量"，此处十分有趣，但这些似乎未见于民间故事。此外，小蛇离家之际提出要"带一小童随从"的情节，也很难在其他故事中看到。"小童"的主题应反映了与母亲的关联，但以这样的方式提及却极为罕见，应作为今后的研究课题仔细考究。

蛇女婿的故事（2）（《肥前国风土记》397页）

大伴狭手彦之连[①]乘舟渡海去往任那的时候，弟日姬子便登上山峰向他挥舞领巾。由此，这座山峰被称为"褶振峰"[②]。他们分手五天后，有一男子每晚都到弟日姬子处与她同寝，天亮便会早早离开。男子的容貌颇似大伴狭手彦。弟日姬子觉得可疑，便偷偷将麻

---

① 连，日本古代的姓之一，是表示日本古代豪族的社会政治地位的世袭称号。"大连"一般从大伴氏族及物部氏族中任命。——译注
② 日语中"挥舞领巾"写作"褶振"，故有此名。——译注

线系到这个男人的衣裾上，之后顺着麻线找去，在山峰边的沼泽旁发现一条大蛇在沉睡。大蛇为人身蛇首，身子没入沼泽，蛇头靠在沼泽岸边睡着。蛇倏然化为人形，对弟日姬子咏道：

　　筱原弟日姬，吾倾慕的好女子，纵使只一晚，愿携佳人同入眠，岂能就此放汝还。

　　弟日姬子的随从急忙跑回去告诉亲族，但众人到达后，发现大蛇和弟日姬子都不见了踪影，在沼泽底发现了一具人尸，于是便在山峰之南为弟日姬子修了坟墓。

　　这段记载中女子使用麻线寻找丈夫踪迹的情节，与《古事记》所记载的故事相同，但它却以悲剧告终。

　　以上便是《风土记》中所涉及蛇变身主题的记载，可以看到其中存在"蛇女婿"，但没有"蛇妻"。不过，因《风土记》仅有极少部分残存于世，所以无法断言。或许在母系社会男子访妻婚的制度存续期间，只会有蛇女婿而不会有蛇妻的故事吧。与民间故事中的"蛇女婿"和"蛇妻"相比较，我想前者产生的时代应该更早，但这仅为推论，尚无法断定。

　　关于变身这一主题的考察到此且告一段落，其他的主题之中，关于"梦"的相关记载尤为多见，下面将对它做详细的探讨。

三　梦

　　无论在神话还是民间故事中都经常讲到梦。中世的物语以及说话集中，梦也是极其重要的话题。《风土记》同样记载了许多与梦有关的内容，现逐一考察如下。

托梦（1）（《出云国风土记》183页）

宇贺乡以北的海边有个叫脑之矶的地方，它的西面有一个洞窟，十分狭窄，人无法进入，洞深不明。倘若梦中来到此洞窟，则必死无疑。于是从古至今，人们便将此处命名为"黄泉之坂"或是"黄泉之穴"。

根据记载，梦见来到这个洞窟附近，便会必死无疑。因此，这个洞窟被视为"黄泉之坂"。倘若将其归入"托梦"一类的故事中，或许稍显牵强，这里从广义的角度，暂且将它归入此类。

托梦（2）（《出云国风土记》227页）

三泽乡的大穴持命之子——阿迟须枳高日子命，"至须发长至八拳，昼夜啼哭，未能言辞"。于是大穴持命在梦中许愿，希望"知道孩子哭泣的缘由"，接着在梦里看到孩子开口说话。醒来后问孩子，孩子回答说："御泽。"

梦见孩子说话，然后变成了现实，从广义上也可视为"托梦"。阿迟须枳高日子命"至须发长至八拳"，一直哭泣不会说话，这段描写与须佐男命以及本牟智和气的故事都存在相似性。

托梦（3）（《肥前国风土记》383—385页）

在姬社乡的山道川岸边，有一位残暴的神，将路过之人杀死了大半。占卜询问为何如此作祟，得到让"筑前国宗像郡人珂是古"建神社祭祀的启示。珂是古说，"如若让我祭祀请示意"，然后随风放幡，幡随风而去，落到"御原郡姬社神社"，后又随风飞回落到山道川岸边。当天晚上珂是古梦见织布机和络垜（缠绕缫丝的工具）在飞舞，将自己推醒。于是，珂是古得知这是一位女神，建了神社祭祀。从此以后，神灵不再作祟，行人也没有再被杀害，那个乡被称为"姬社"。

这段记载讲到梦给人启示，其中通过出现的织布工具判断出是女神，这一情节令人印象深刻。天照大神也在高天原织布，织布带有强烈的女性寓意。希腊神话中，女神雅典娜也织布。

托梦（4）（《尾张国风土记》逸文442页）

垂仁天皇的皇子品津别，他7岁时还不会说话，皇后梦到一位神明，说："吾乃多具国之神，名为阿麻乃弥加都比女。吾尚未得祭司，若为吾设祭司，皇子能言，亦可长寿。"于是皇后依照梦中所告建了神社。

这段记载中，也是通过梦中所告得知皇子不会说话的缘由，这与上文所介绍《出云国风土记》中的托梦（2）极为相似。如若将《风土记》中的这类记载与《古事记》中所记本牟智和气的故事做比较和考察，是相当有意义的，但与本章主题关联性不大，在此暂且搁置不谈。

解梦：梦野之鹿传说（《摄津国风土记》逸文422—423页）

雄伴郡有一个叫梦野的地方。很久以前，有雄鹿住在刀我野，而他的正妻雌鹿住在梦野，他的小妾雌鹿住在淡路国的野岛上，雄鹿常去看望在野岛的雌鹿。有一天，雄鹿对正妻说："今晚，我梦到自己的背上落了雪，又长出芒草，这究竟是什么预兆？"正妻因丈夫常去找小妾而怨恨在心，故意说道："背上长草意味着被箭射中，背上落雪相当于在肉上撒盐（被人吃掉）。你如果再去淡路野岛，必定会被船夫射杀。"然而雄鹿难以压抑对小妾的情感，再次前往淡路，最后果真被射杀而亡。那片原野由此得名"梦野"，也从此有了"刀我野的雄鹿也应了梦"的说法。

这段话并非托梦直接告知，重点在于"占梦"，即对梦的解读，并且还阐述了对梦的解读不同会导致不同结果，这一点意味深长。做梦之后因释梦方法不同会带来不同后果，这在《宇治拾遗物语》中记载的伴大纳言之梦上也有所体现。由此可见，古代人是十分重视"占梦"的。

以上列举了《风土记》中与梦有关的记载,其中除去第一则之外,其余皆与"托梦"有关。由此可以看出,古代人对梦的重视。其中大多数都是在梦中得到神谕,但也有像《摄津国风土记》中的记载那样,与神无关的情况。后者的重点自然也变成了解梦。日本民间故事中以梦为主题的故事有《做梦的孩子》(《大全》156)和《买梦的富翁》(《大全》158)。前者讲的是一个孩子大年初一晚上做了一个吉利的梦,大人不断询问孩子,但他坚持不说,因此受到迫害,但最终美梦成真,他获得了成功。后者讲的是有人把自己做的好梦讲给朋友听,将此梦买下的人最终变成了富翁。两者都是训诫人们,不要轻易把自己的梦告诉别人。

不应轻易向他人讲述自己的梦,大概是因为如果他人对梦做出不吉利的解读,容易引发恶果。而买梦之类的故事在中世的传说中大量存在。关于梦这一主题,可以推论得知,先出现的是梦中得到神谕并遵从的类型,后来才出现了不要轻易将梦告诉他人以及重视占梦类型的故事。

四 其他主题

在前文对民间故事中常见的主题,以及《风土记》中相对多见的内容做了梳理,接下来对与民间故事的主题有关,单次出现于《风土记》中的内容,选择其中有意义的列出并稍做分析,顺序不分先后。

酒泉(《播磨国风土记》267页)

景行天皇在位时,有一座山喷涌出的酒就像汩汩流动的山泉,它因此得名酒山。由于百姓饮泉中之酒,喝醉后打架闹事,所以人们便将酒泉填埋了。天智朝九年（670），此酒泉被再次挖掘开来，酒的芳香之气依然四溢。在民间故事《酒泉》（《大全》154）中，我们发现酒泉的人开了酒家而变为有钱人，而在本则记载中，却说酒泉成为引发村民斗殴的罪魁祸首，从而被填埋。

来访者（1）（《常陆国风土记》39—41页）

很久以前，神祖之尊（所指不明）四处去拜访各方神明，来到骏河的福慈岳。天色渐晚，他去投宿时，福慈之神以正值新谷祭的斋戒为由，拒绝留宿。神祖之尊十分怨恨，诅咒他居住的山上"无论冬夏，雪霜不断，冷寒侵袭，人民不能登，无人奉饮食"。之后神祖之尊又去筑波山投宿，筑波之神答道，虽然今日为新谷祭，但也无法拒绝。于是神祖之尊大悦，并吟歌颂扬筑波之神。自此，福慈山常年大雪封路无法攀登，相反，筑波山则人民载歌载舞，其乐融融。

来访者（2）（《备后国风土记》逸文488—489页）

此处记载了广为人知的"苏民将来"的传说。武塔之神在日暮时去投宿，兄长苏民将来贫寒，而弟弟却很富裕，但富裕的弟弟拒绝接待留宿者，而贫穷的兄长不仅答应予以留宿，还盛情款待了他。数年后，武塔之神让兄长苏民将来的女儿将茅草做成的环圈戴在腰上，并以此为标记保护了她，而将除她之外的人全部杀死了。此后，传说瘟疫暴发时，只要说自己是苏民将来的子孙，腰间佩戴茅草环圈，便可躲过灾难。

以上两则记载，均讲述了热情接待来访者的人得到福报，而冷漠的人会遭遇灾祸。民间故事《猿富翁》（《大全》197）以及《宝手巾》（《大全》198）也传达了同样的主题。这一主题在弘法传说中也很常见。苏民将来的记载中，虽未达到兄弟间起纷争的程度，但记述了兄弟两人不同人生观的对比。

逃窜谭（《播磨国风土记》337页）

在法太里，赞伎日子与建石命争斗，赞伎日子落败而逃，逃跑时以手撑地匍匐爬行，故此地被称为"匐田"。建石命追赶赞伎日子至山坂处，脱"御冠"置山坂上，宣称以此为界，禁止跨越。

划定界限

民间故事和神话中常见的逃窜谭在《风土记》中并不常见，而与逃窜谭有关的划定界限，禁止"恶"入侵的主题却多有涉及。这里所说的"恶"，既包括字面所示的恶人，也包含凶恶的神。其实在古代日本，善恶价值下的"恶"的观念并不明确。面对令人恐惧的对象，人们往往会通过划界限，谋求与之共存，这种态度十分常见。下文将举例说明。

立界杖

请参照前文对夜刀神传说的介绍（《常陆国风土记》）。

以石封堵（《出云国风土记》231页）

和尔爱慕玉日女命，渡河去见她，玉日女命用石头将河堵住，和尔无法见到喜欢的人，日日思恋。恋山由此得名。

挂肉串（《出云国风土记》105页）

一位父亲，因为女儿被鳄鱼吃掉了，一怒之下杀死鳄鱼，并将鳄鱼"串成肉串，挂在路边"。这种行为或许只是出于复仇，并无防范再次入侵之意，但考虑到民间故事中也存在类似的题材，因此罗列于此。

复活（1）（《播磨国风土记》279页）

从前在一个叫作继潮的地方，一名女子去世了，筑紫国火君等之祖将该女子"复生并娶之"。此处记载了将女子复活并与她结婚，但并未涉及为何将其复活以及如何复活。

复活（2）（《伊予国风土记》逸文493页）

大穴持命想要将死去的宿奈毗古那命复活，使取来位于大分的速见汤温泉水，将它淋浴般浇到宿奈毗古那命身上，他便复活过来。他说自己"刚才好像睡了一大觉"，然后康健如常，元气满满，双脚用力踏着地面。

复活的主题在日本民间故事中极为罕见，但也有涉及。此处宿奈毗古那命复活后说，"睡了一大觉"。这与《姐姐和弟弟》（《大全》180）的故事中，死去的弟弟被姐姐复活时所说的，"早上睡了一觉，晚上又睡了一觉"的情节尤为相似。民间故事中将他人复活时，通常会使用生鞭死鞭以及复活花等道具，而在《播磨国风土记》中未涉及道具，在《伊予国风土记》中使用了温泉水。由此可见，作为"故事"，民间故事的叙事更为用心。

吹笛子的女婿（《山城国风土记》逸文418页）

这是关于宇治桥姬的故事，该记载为"参考"部分。故事说，宇治桥姬妊娠后反应强烈，想吃裙带菜，于是她的丈夫去海边挖取。在海边，他吹起笛子，吸引了龙神。龙神十分欣赏他，并要招他为婿。桥姬追寻丈夫来到海边，一位老妇人告诉她："你的丈夫已成了龙神之婿，忌龙宫之火，会在此处用餐。"不一会儿，她的丈夫果然来了，两人见面交谈之后，桥姬哭着与丈夫离别。后来，丈夫回到桥姬身边，两人重新做回了夫妻。

民间故事《吹笛子的女婿》（《大全》119）也讲述了仙女被男子的笛声吸引，与他成婚的故事。而这里被笛声吸引的，不是仙女，而是龙神，但两者共同的特征是，都涉及异界被笛声吸引。另外，在关于桥姬的记载中，还提到人一旦吃了用异界的火做的食物，就无法回到人间，这种禁忌十分耐人寻味。遗憾的是，故事并未讲到男子是如何回到桥姬身边的。

巨汉（《常陆国风土记》79页）

  从前，在一个名为大栉的地方，有一巨汉。身在山丘上，伸手便可取海边的大蛤，吃剩的蛤壳堆成了山。他的足迹长达30余步，宽达20余步，连他尿到地上的尿也汇集成池，其直径达到20余步。据《风土记》的注释，30步约为53.5米，20步约为36米。日本民间故事以及神话中，巨汉的故事都极为罕见，因此这则记载值得关注。

  关于《风土记》中与民间故事的主题相关的部分，以上并非全部，继续查找仍然能够找到，在此暂且告一段落，下文将从它与民间故事关联的角度，对《风土记》的特性略做探讨。

五 《风土记》的特性

  如前文所述，《风土记》中存在很多可演变为民间故事主题的素材。接下来将从民间故事中经常出现，但在《风土记》中并未涉及的主题入手，进一步考究《风土记》与民间故事的关联性。

  首先，《风土记》中完全没有涉及"动物报恩谭"主题的内容，这一点尤其值得探讨。上文曾提到，《风土记》中记载有天鹅以及蛇变身后与人类结婚的故事，类似的异类婚姻类型的故事在《日本民间故事大全》中大都与"动物报恩"的主题有关，对比而言，《风土记》中却完全不存在动物报恩的内容。《丹后国风土记》中的《浦屿子》通常被认为是浦岛太郎故事的原型，它并不存在龟报恩的情节，这一事实也提供了很好的佐证。大概可以判断，随着佛教因果报应思想的传播，"动物报恩谭"在后世才传入日本。

  另一个多见于民间故事却未见于《风土记》的主题，是继母与继女的故事。在《日本民间故事大全》中，收录了以《米福粟福》

为代表的许多类似故事，归类为"继子谭"。值得注意的是，这些故事大多以结婚带来幸福而圆满告终。与西方民间故事相比，日本的民间故事经常被指出以结婚而圆满告终的故事很少，但是，"继子谭"这类故事是例外。

这类故事中，还包含《没有手的姑娘》等与格林童话相似度极高的故事，但在《风土记》中，这类主题完全不存在。由此，似乎可以得出结论，"继子谭"是后世由西方传播到日本的。但是，我们无法轻易下此论断，这是因为虽不属于民间故事，但《落洼物语》这部被认为成书于平安时代初期的古代物语中，也讲述了极其典型的继母与继女的故事。因此，对于这一问题不可轻易断言，有待日后更为细致地考察。

总之，唯一可以断言的是，在母系社会不会有继母的问题。而在由母系社会向父系社会的转型期又如何呢？正如前文提到的《风土记》中的"蛇女婿的故事（1）"，便是产生于这个时期。由于并未完全转变成父系社会，因此可以推测，在《风土记》的时代并不存在继母主题的故事。不过，前文曾介绍过的"奈具神社"的有关记载，看似具备虐待继子的要素，但我认为，这则记载更多关注的是人类与异界生物之间的关系，因此将它与《鹤妻》等故事归为一类，更为妥当。

接下来，关于存在于《风土记》中，却未见于民间故事的主题，最有名的便是"拉来国土"的故事。记载于《出云国风土记》中，因内容广为人知，在此不再赘述。这类关于创建国土的故事，带有浓厚的神话色彩，所以难以成为民间故事的主题。

《播磨国风土记》中记载了"隐妻"的故事。景行天皇去印南探访别姬，别姬逃到了南毗都岛，天皇又追到岛上，但依然未能见到她。因为，当时男性追求、探访女性的风俗盛行，故出现了"隐妻"类型的故事。或者当时还有可能存在男子探访女子时，女子不能马上顺从，而要遵循先逃走的风俗。与这种男子积极求婚，女子采取被动接受的行为相比，民间故事的"异类婚姻谭"中，当女方为异类时，几乎全部都是由女子求婚而男子接受，这种差异耐人寻味。《风土记》中民间故事的要素尤为强烈的《浦屿子》传说里，记载着五色龟变身为美女，对男子说"风流之士，独泛沧海，欲能近谈，就风云来"，以此请求对方亲近怜爱。屿子稍有踌躇，女子便连续不断地表达情意，说道："贱妾之意，共天地毕，与日月极。君意如何，早告诺否。"女子要求屿子表明心意。这里女子积极主动的姿态，与前文所说的"隐妻"形成鲜明的对照。

之所以会产生这种差异，恐怕是因为当时现实生活中"隐妻"的行为比较普遍，其反作用体现在虚幻的世界中，产生了来自异界的美女积极主动追求男性的形象。而《风土记》中既记载了基于现实的内容，又存在民间故事类型的内容，包含着两方面的特性。

如前所述，天鹅少女类型的故事在《风土记》和民间故事中都有传承，但在中世佛教故事中却消失了。而且即便是在民间故事中，也很少见到仙女形象的天鹅故事。《日本民间故事大全》（215）《天鹅姐姐》中，出现了天鹅变身为女性的情节，该故事采集自冲永良部岛，但几乎未见于其他地方。可以说，天鹅的少女意象在古代较为常见，而在后世逐渐式微。

《古事记》中记载说，倭建命死后，灵魂化为天鹅。心理分析学家荣格主张，男性的灵魂经常表现为女性意象，即荣格所言"阿尼玛"。天鹅少女的形象恰好符合这一点，《古事记》与《风土记》中的天鹅也具有这种性质。但是，在中世的故事中，天鹅的这种意象却消失了，这应该是受佛教的影响。

笔者认为，佛教抹杀了表现为女性形象的阿尼玛，本人曾结合九相诗绘卷对这一观点做过论述。①天鹅少女的消失也应该与此有关。西方所称颂的浪漫爱情之所以没有在日本出现，与此也有极大关联吧。不过，民间故事中某种程度上依然留有一些痕迹，并非完全消失，天鹅少女的形象在不同地区的民间故事中仍有残存。对其流变的谱系加以梳理、研究非常有意义，将作为今后的课题，留待日后探讨。

以上从多个角度对《风土记》与民间故事的关联进行了考察。以目前已经收集整理完成的民间故事为研究素材，探讨了民间故事的成立过程，其中也考虑到在佛教影响下产生的变化，虽有部分观点仍为假说，尚有待确证，一定程度上仍可供大家参考。

---

① 拙著《明惠：梦之人生》，京都松柏社，1987年，后被收入讲谈社+α文库。（中译本，《高山寺的梦僧：明惠法师的梦境探索之旅》，林晖钧译，台湾心灵工坊出版，2013年。——译注）

第六章
解悟日本民间故事中的心理学
——以《蛇女婿》与《蛇妻》为中心

一 异类婚姻

下面我想探讨一下民间故事中"蛇女婿与蛇妻"这类人与蛇结婚的故事。这些故事看似与现代社会毫无关系，但我认为，其实此两者之间存在着深层的关联。我的专业是心理咨询，但我研究民间故事，并非视之为对心理学的应用，更不是把它当作打发业余时间的副业。实际上，民间故事与我的工作存在千丝万缕的联系，甚至可以说，这两者性质相同。事实上，人们找我做咨询，大多数内容是生活中的各种烦恼，或是子女问题，或是婚姻破裂，抑或是婆媳矛盾之类，而这些问题都与民间传说关联颇深。例如众所周知的格林童话故事《汉赛尔与格莱特》，讲到有一间糖果屋。或许大家会认为，糖果屋之类只存在于故事中，与现代社会无关。但试想一下，现在的孩子可以尽情享用喜欢的食物，受到百般宠爱，这与故事中所描述的糖果屋里的生活一样，并无二致。

故事中，当兄妹俩吃着糖果屋开心不已时，险些被巫婆吃掉；而现实生活中，将孩子当作"食物"的亦是大有人在。如此想来，感觉《汉赛尔与格莱特》的故事颇具现实性。

不过，在此我想谈的并不是这类西方的故事，而是日本的"蛇女婿与蛇妻"类型的民间传说。这类故事广泛流传于日本各地，不同版本的细节存在很大差异，其中"蛇女婿"的故事主要可以分为"麻线型"和"乞水型"两种。麻线型蛇女婿的故事，讲到一个男子夜夜潜入女子住处与她密会，女子不知男子为何人，为了探明他的身份，便把一根带线的针插在男子身上。男子离去后，女子顺着线找去，发现他原来是一条蛇。蛇被针刺到，似乎十分痛苦，女子在暗处偷听蛇的谈话，得知蛇因被针刺到头上即将死去，还听到蛇说："那个女人腹中已经怀了我的孩子，孩子出生后会为我报仇的。"她又听到老蛇说："如果在端午时泡菖蒲浴，蛇子就会全部夭折，倘若那个人类女人这样做，那就麻烦了。"女子偷听到这些，返回家中，在五月端午时泡了菖蒲浴，蛇子果然全部落胎而死。自此日本便有了五月泡菖蒲浴的习俗。故事中所说的蛇子落胎，也让我们联想到现代社会的堕胎现象。

听完这个故事，大家或许会认为故事中所讲的，与不明来历的男子结婚，这种事情在日本不会发生。然而，换个角度来思考，在找我们咨询的来访者中，也有结婚两三年了，无论如何都想要离婚的人。在她们的倾诉中，最常说的一句话便是："没想到我丈夫竟然是那样的人。"他们婚后大概过了三年，丈夫变得与以前大不相同，完全不关心对方，只顾喝酒，殴打妻子，拳脚相加。为了离婚，妻子去跟男方家人交涉，这时会听到他们说一些浑话。接着，来访者说道："真没想到这家人竟然是这样的。"我想此时她们想表达的是，对方非我族类，甚至可能是"他们竟然是蛇类"。这种情况与故事中提到的与不明来历的人结婚几乎一样，并无二致。可以说，"蛇女婿"类型的故事非常逼真，极具现实性，过去的状况转变为现在的样态，但问题依然存在。

接下来我们来看一下"蛇妻"类型的故事。这类故事的典型是，会有一位十分美丽的女子到来，而且这类故事中往往是由女子主动向男性求婚，男性接受，然后两人成婚。之后的故事情节在各个版本中存在差异，比较常见的是，蛇妻要求丈夫在自己生孩子时不要偷看。这一点与大家熟知的《鹤妻》故事类似，当然，仙鹤禁止丈夫看的，并非自己生子，而是织布的过程。总之，故事中都存在一种禁忌，禁止丈夫窥视自己的某种秘密。然而，越是不让看，越会勾起人的好奇心，故事中的丈夫基本上都会偷看。

丈夫假装外出，实则在一旁偷看，结果看到"妻子以为丈夫出门了，家里只剩自己一人，便毫无顾忌地变成大蛇横卧在屋里"。我想这类妻子在现实世界中也大有人在（笑）。

情节更严重一点的异类妻子型的故事，还有《狐妻》。故事中，孩子发现了母亲的尾巴，然后告诉了父亲。这类后果严重的例子，其实对于我们来说并不陌生。在现实生活中，我们都曾听过类似的事例，如孩子忘记带东西，突然从学校回家取，结果撞见妈妈和别的男人偷情，然后父母两人发展到离婚的境地。如此想来，无论是《狐妻》还是《蛇妻》，都不仅仅是很久以前的故事，而是极具现实性的。

二 童话与自然科学

上文所做的阐述都是十分浅层次的，下面我想从更深的层次进行分析，为此，需要将这类民间故事与西方童话故事加以比较。上文中详细介绍了日本"蛇女婿"型民间故事中的"麻线型"，除此之外，这类故事还存在"乞水型"。"乞水型"蛇女婿的故事讲的是在很久以前，一位农夫发现自己田里没水了，便许诺谁能将自家田里灌满水，就把女儿嫁给他。结果，一条蛇给农夫的田里灌满了水，就上门求亲。农夫有三个女儿，大女儿和二女儿都不愿意嫁给蛇，只有小女儿说，因为蛇帮了父亲，自己愿意与蛇成婚。出嫁时，小女儿拜托父亲找来许多葫芦和针，她将针扎在葫芦上扔进水里，葫芦都漂在水面上，小女儿让蛇将葫芦沉入水中。蛇拼命地按压一个个扎着针的葫芦，最终被针刺死了。人类打败了蛇，故事圆满结束。这便是"乞水型"蛇女婿故事的一个典型版本。

西方有个广为人知的故事，与日本这类故事的模式极其近似，但两者后续的情节截然不同。我想大家应该已经猜到了，就是《美女与野兽》的故事。故事中同样有父亲与他的三个女儿。常见的故事类型是：女儿想要花作为礼物，于是父亲来到一个城堡中，摘了那里的玫瑰花。花刚一摘下，野兽便出现了，它对父亲说："既然你摘了我的花，要么被我杀掉，要么把你的女儿嫁给我。"于是，父亲回家去向女儿们请求，希望有人能嫁给野兽，大女儿不同意，二女儿也不同意，最终小女儿答应嫁给野兽。至此，故事情节与日本大致相同。

不过，西方童话故事后来的进展与日本民间故事有着根本性的不同。小女儿嫁给了野兽，并用她的爱使野兽变身为王子。故事的展开存在多种版本，大多数版本中，小女儿一度返回娘家，野兽与小女儿约定让她一周后就从娘家回来。可是小女儿回家后，父亲生病了，姐姐们也不忍心与她分离，所以她迟迟未能回到野兽身边。但她最终还是无法忘记野兽，又返回城堡中，并对野兽说："我真的喜欢你。"话音刚落，野兽就变成了王子。

西方童话故事中，野兽原本是被施了魔法的人类，待魔法解除后又会重新变回人类，并且故事往往以结婚圆满告终。但是，在日本民间传说中，蛇本就是蛇，一般以蛇被人类杀死达成圆满结局。下面我想就这一差异略做探讨。

小泽俊夫先生一直致力于对日本与西方的民间故事进行比较研究，出版了专著《世界民间故事》[①]，并将与外国学者探讨的内容编撰成书。小泽俊夫先生指出，与欧洲相比，日本民间故事中关于结婚的故事非常少，而且日本民间故事中不存在魔法。或者可以说，蛇在说话时或在结婚时被赋予了人性，但是蛇被杀的时候却变回了普通的蛇。而且女子在即将生产小蛇时，便会产生必须要将它打掉，不然会惹麻烦的想法。上述这类充满现实感的内容在日本民间故事中有很多。

西方的故事中，常有使用魔法突然变身或利用魔法飞翔的情节。因而有些认真的学校老师认为，不适合将这类故事讲给孩子听。他们认为这些故事中所写的都是一些不切实际的空想，这会让孩子脱离现实世界，比如可能会让孩子产生利用魔法来通过考试这类愚蠢的想法，这是十分不利于教育的。因此，会有老师提出，最好不要给孩子讲这类故事。不过，我想这种认识是非常浅显的，说句笑话，在认真的人里，认识肤浅的人比较多。上述这种认识对于幻想和现实的考虑过于浅薄了。

作为反驳，首先我想指出一个事实，这类与魔法有关的童话在欧洲大量存在，而欧洲的自然科学却更为发达。反而，认为蛇不过就是普通的蛇而已，杀掉它就好。有这种想法的那些国家，自然科学比较落后，我想这是一个很重要的问题。为何只有欧洲国家自然科学更加发达，而对欧洲发达的自然科学，又为何只有日本人能够迅速成功引进呢？这个问题也极其重要，这与日本人的价值观有着

[①] 小泽俊夫，《世界民间故事》，中公新书，1979年。——译注

较大的关联。现在，日本人虽然生活方式已经相当西化了，但是在人际关系、价值观等根本问题上，还保留着日本特色。在反省这些时，逐渐产生了一个问题，正如前文所述，幻想和魔法要素大量存在的国家与不存在此类要素的国家之间，以及童话故事中十分重视结婚情节的国家与对此毫不在意的国家之间，所存在的这种差异究竟意味着什么呢？

关于民间故事中的结婚话题容后详述，我们继续探讨蛇的话题。认为蛇不过就是蛇，杀掉就好，以及蛇会变身为王子，这两种思维方式其实清楚地反映出蛇具有两面性，即可怕的一面和美好的一面。这种两面性也多次出现在日本民间传说中。另外，可能很多读者也有所了解，一般认为"麻线型"蛇女婿的民间故事实际上起源于日本神话。

《古事记》中《崇神天皇》篇中记载了关于三轮山大物主的故事。暂且省去故事中人物的名字，其中讲到有个男子每晚都去一个美丽的女子家与她幽会，之后女子将针线别在男子的衣裾上，沿着线走到男子的住处，终于发现男子的身份原来是大物主神。而且，女子与神结合所生下的孩子非常出色，这孩子之后也跟一个极为优秀的人结了婚。这与西欧的故事有些相似，这则故事中并没有言明男子是蛇，不过男子往返都是通过洞穴，还有一些类似的描述，都会让人联想到蛇。由于男子的身份是神，女子心生敬畏，未敢看其真身，所以故事中不存在变身的情节。但蛇在这里是完美且神圣的存在，这种思想是很明确的。关注到这一点，柳田国男指出，"蛇女婿"类型故事中的蛇女婿最初很可能是神，不过，后来这种神话式的思想逐渐衰退，取而代之的是奇妙的现实感，从而演变成觉得蛇很可怕，所以最好把它杀掉的想法。柳田国男的意思是，原本讲述人类与神结婚的神圣故事，后来神话色彩逐渐褪去，演变成"蛇女婿"的故事。倘若如此，正如我曾提到的，"蛇女婿"类型的民间故事广泛分布于日本各地，这说明此类传说深深地打动了日本人的心。倘若枯燥无趣，很快就会被人们遗忘了，而这类传说至今仍在各地广泛流传，是因为这类传说符合日本人的心理。

另外，蛇就是蛇，杀掉就好，与蛇是一种神圣的存在，介于这两种思想之间的，是《平家物语》中也有所记载的"绪方三郎"的传说。故事中女子怀了蛇的孩子，蛇被人杀死了，但生下的孩子后来成了英雄。民间故事中也有类似的版本。蛇的孩子被人们奉为英雄，由这一点可以看出，对蛇的评价很高。不过这里值得关注的是，孩子受到重视，而蛇却被杀死。因此，这就是成为父亲的人及成为丈夫的人消失，孩子留存于世的故事类型。

三　离去者的悲哀

关于"蛇女婿"类型的故事，我在前文中先是结合现代的具体事例做了分析，之后又从其他视角做了解读。下面，我将从女性对男性特质的接受程度入手进行解读。对女性而言，男性特质是可怖的。而对男性特质过度接受或许会适得其反，导致女性对男性特质的排斥。但是，如若女性潜意识中拥有一定程度的这种男性特质，是十分有帮助的，而且现代有很多日本女性的心理都包含这种男性特质，也有人为了拥有这种男性特质来听此类文化讲座。那么，从女性对男性的接受程度这一视角来看，在西方，野兽摇身一变成为王子，被女性接受，与之相比，日本女性则是极为矛盾的，或者说是充满犹豫的，她们不能接受带有神圣色彩的异类男性，但会善待与其所生的孩子。丈夫暂且搁置不谈，对孩子身上的男性成分日本女性是可以接受的，若非如此，她们就会干脆将孩子杀掉。可以说，日本的女性，选择独自作为女性存在，拒绝接受男性成分。

我想这类故事的多样性，反映了日本女性的各种不同类型，既有完全无法接受男性成分，将其抹杀从而达到圆满的人，也有可以略微接受男性成分的人，还有丈夫暂且不管，但认为儿子很完美的人，等等。除了上述视角，转而从潜意识的角度来看，我认为也可以从如何对待女性自己内心深处的男性特质的角度来分析。

下面我将通过这种视角来分析"蛇妻"一类故事。《蛇妻》故事大致讲述了蛇变身为女性，然后向男性求婚，而后结婚，再之后，男性触犯某种禁忌，看到了妻子不能示人的一面，最后蛇妻离开。蛇妻离去的情节令人倍感悲哀。广为人知的故事《鹤妻》中，尤其着力刻画了女性离去时哀怨凄美的场面。鹤拔下自己的羽毛来织布，这个场面被丈夫窥视到，鹤便离去了。女性离去的情节，不仅存在于《蛇妻》故事中，《鹤妻》以及《狐妻》等多个故事中都有涉及。有趣的是，此类故事中的动物似乎可以分为两类，一类能成为人妻，另一类则不能。我感觉日本似乎也应存在"狸妻"，但实际上好像并不存在。关敬吾先生收集了大量的日本古代传说，并将其分类整理后编纂成《日本民间故事大全》一书。书中"异类妻"类型的故事中，收录了蛇女、蛙妻、蛤妻、鱼妻、龙女、鹤妻、狐妻、猫妻、仙妻和吹笛婿等民间传说，而这些故事的结局几乎全都是夫妻分离。

唯一例外的只有《猫妻》，猫变为人与人类结婚，而且故事结局很圆满。但《猫妻》的故事并没有其他版本流传，可以说在日本十分罕见，因而我想《猫妻》的故事有可能是某个喜欢新奇事物的人创作的，它是一个比较独特的故事。

通过这些，我感觉比起男女结合达成圆满结局，日本人更倾向于将本应结合的双方分离开，并从中发现美。我想这种离去与消失的美与日本人的审美观密不可分。

不过，尽管终将离去，但由于离去的一方也无从控诉，有时会心怀怨恨地离开。不少民间故事都讲述到这一点。"蛇妻"类型的故事中，有的版本提到，蛇离开时为孩子留下了自己的眼珠，而这件宝物或是被贪婪的国王夺走，或是被村里人抢去，因此蛇大怒之下发起洪水，将村里人都冲走了。由此看来，甚至可以说，这种离去者的悲哀以及离去的怨恨，是驱动日本人的原动力。这两者在日本文学中发挥了重要的作用。

此外，正如前文所述，从男性接受女性特质或女性接受男性特质的角度来看，日本人，无论是男性还是女性，似乎都没有趋向于通过真正接受异性特质来达成两性的结合。

在此我还想补充一点，男性与女性的结合，倘若仅仅是肉体结合衍生子嗣，那么这种结合，便是所有动物都存在的普遍行为，并无特别的意义。而我说的结合，并非这种单纯的肉体结合，而是象征意义上的男性意识与女性意识的结合。这种结合有着极为重要的意义，但日本人似乎对此并不重视。

四　日本人的心理

我认为上述问题与日本人的心理相关，前面我们所探讨的故事类型可以在日本神话中找到其原型。以《蛇女婿》故事为例，其中讲到蛇女婿试图进入女性所在的世界，将女性带走，但结局不是被杀死就是被驱逐。从这一点来看，与日本神话中名为素盏鸣尊的男性闯入天照这位女性所统治的高天原，被抓住后又被放逐的故事模式基本相同。而有趣的是，尽管神话中并未明言，天照大神与素盏鸣尊两人之间诞生了孩子，神话中并未记述孩子是两人结婚后孕育的，只写了两人相互起誓时孩子诞生了，而这个孩子之后成了日本天皇家族的先祖。从前述模式来看，可以说这段神话也属于相同的类型：男性闯入女性世界，最终被驱逐，但在那个世界生下的孩子受到格外的重视。

另外，"蛇妻"类型故事中存在的违反禁令偷看的故事模式，也出现在伊奘诺尊和伊奘冉尊的神话故事中。伊奘诺尊去探访死后进入黄泉之国的妻子伊奘冉尊，在那里，伊奘冉尊对他说，现在一定不能看自己的样子，让他稍等。然而，伊奘诺尊却点起了火，看到伊奘冉尊身体腐烂的模样，他大吃一惊逃走了，愤怒的伊奘冉尊紧随其后追赶。在这个神话中，违反禁令偷看成为问题的中心。

此处出现了十分关键的一大主题，即对于女性而言，十分重要的东西，甚至可以说是绝对的秘密，这个秘密极其重要，但同时也可能是极为丑陋的，总之绝对不能让男性看到。然而，后来却被男性偷看了，从而导致后续的悲剧。女性因此而离去，离去时有时会心怀怨恨，这种女性离去时的怨恨成为一种动力，成为推动日本文化发展的源泉。

例如前述三轮山大物主的传说，上文曾提到女子和大物主的孩子并未受到排斥，而且因他是神的孩子而备受珍视，但其实故事中的大物主是出云系的神。在日本神话中，天照为高天原系的神，是主流，素盏鸣尊以及大国主都是反主流系的神，大物主也属于这一系。反主流系的神出现，其子孙受到重视，这可以解读为被放逐的素盏鸣尊一系的再次回归。

因此，可以说在日本这是极具特征性的，一度被驱逐出去的人物会再次返回，其回归会激活整体世界，动摇并导致世界的重新建构。这一模式在日本反复出现。这与将相反或不同的事物统合在一起创造新事物的模式并不相同。

从抽象意义上来看，可以说，前文所论述的结婚这一行为具有象征性的意义。异类婚姻，即人类与蛇以及人类与兽类结婚，这一设定极具深意。猫与猫结合，狗与狗结合，都是理所当然的自然现象。但人类与异类结婚，其前提是认识到男性与女性本质上是不同的，是建立在这一认识基础之上的结合。这与动物之间的自然结合完全不同。想想我们现实中的婚姻，结婚之后，才发现配偶是蛇，从而再去离婚，这是十分笨拙的方式。与此不同，首先认识到对方是蛇，是异类，在此基础上再去结婚，这种结合，便是具有极高的象征意义的结合。

五　异类婚姻与外婚制度

关于异类婚姻，上文从心理学的角度做了分析，或有喜欢社会学研究方法的人，会从族内婚与族外婚的视角来解读。同族内通婚非常简单，但倘若想要激发一族的活力，那么便要与外族通婚，即并非内婚，而是选择外婚制度，从而推动社会进一步发展。从这个角度而言，异类婚姻也可以视为一种外婚制度，其意义与我从心理学层面得出的结论，可谓是并无二致。

补充一点，小泽俊夫先生也曾做过这方面的研究，得出令我十分感兴趣的结论。他指出，欧洲的故事存在魔法和变身，而在日本的传说中，虽然有人类与蛇交谈这类将蛇视为人的情节，但最终会变为蛇就是蛇、兽就是兽的认识。然而，与之相比，在巴布亚新几内亚以及阿拉斯加等地的民间传说中，驯鹿和人类或结婚，或分开，均是极为平常之事，感觉其中的动物与人类几乎没有什么不同。并非说两者不同便会如何，只是强调这些地方的传说中，动物与人类存在很强的关联性，与西方的故事存在较大差异。

小泽俊夫先生认为日本的情况十分罕见，恰好处于以上两种类型之间。对此，笔者认为西方故事中首先存在对异类的认识，然后达成与异类的结合。而在其他东方国家的传说中，则认为一切都是自然发生的，因此无论对方是驯鹿也好，还是其他野兽也罢，都没有什么不同，从这一点而言，可以说这些传说尚未从象征的层面认识结婚的问题。而在日本的传说中，虽然认识到异类与人类之间存在差异，但并未能更进一步去改变。而且，在认识到对方是异类之后，并非与之结合，而是选择拒绝或否定。无论是男性还是女性均如此。为了便于理解，在此仅聚焦于女性进行探讨，当代的诸位女性心中存有多少男性成分，又积极接受了多少呢？日本文化给出的解答，可以说是意识到这些男性成分的存在，同时用葫芦和针将自己内心中的男性成分抹杀掉。而欧洲则是特意接受了男性成分，如此对比思考便容易理解了。而且有意思的是，对于这些男性成分，日本并非完全拒绝，虽然拒绝了男性，但非常重视孩子，尤其是男孩子。有些传说中，这个孩子后来变成了英雄。由此来看，日本文化对此类男性成分并未拒绝，甚至还很重视，那么究竟是对哪些男性成分持拒绝的态度呢？我想日本文化拒绝的是男女这一横向层面的男性成分，但对于父亲与女儿以及母亲与儿子这种纵向层面中的男性成分，则是接受的。

前文中一直使用了男性成分这样一个模糊的概念，若从心理学的角度来解释，这种男性成分指的是父亲身上存在的更加严厉，或者更加强大的一类与母亲不同的特质。这种男性特质的另一个稍微抽象化的特征是，比起女性，男性更擅长切割，与之相对，女性则是包容一切的。男性特质的特征是区别你与我、好与坏，将事物明确地切割开来，构建切割体系。我想这种男性特质是催生自然科学发展的重要原因之一，但日本人似乎不具备这类男性特质。

然而，与其他东洋国家以及非洲的民间传说相对比，正如前文所述，日本尚在一定程度上接纳了男性特质。可以说日本文化的特征，在于它既与欧洲文化有某些相似之处，也与东洋诸国颇为相似。但是，日本文化中又存在着有别于东方和欧洲的独特之处，我想这些特质也体现在了上述的民间传说中。

六　拒绝男性特质的意义

最后我还想补充一点，值得深思的是，"乞水型"蛇女婿故事中也存在一些其他的版本，讲到女子杀死蛇之后，遇到国王或是其他贵人，最终与他结婚，过上了幸福美满的生活。因此，前文中我曾提到《蛇女婿》故事中"几乎"不存在结婚的情节，实际上极少数版本，也有以结婚告终的。

然而，此类版本的故事特征是，女性一定会先杀死蛇女婿，之后才能获得圆满的婚姻。因此，我想这类故事的主题是，女性通过再婚，才能获得幸福。从结婚的角度来看，第一次结婚时女子大抵会发现对方是蛇，而将蛇成功杀死的人，才能在下一次获得真正的婚姻。日本传说中的模式，是杀死蛇之后再与其他人类结婚，而从心理学的角度来考虑，两次结婚的对象也可以是同一个人，即女子看透了丈夫的真面目之后发生了某种改变，从而得以达成真正意义上的结婚。如果从现代人的人生来分析，我想真正的结婚应该是到40岁左右才能完成的。之前是与蛇结婚，40岁左右才达成真正的结婚。此时倘若结婚对象与之前是同一个人最为便利，因而和同一个人离婚后再复婚是最好的。从抽象意义上来分析，或许可以说，这类传说以一种有趣的方式，讲述了日本人在一度拒绝男性特质之后，又再次接受了他。

第七章
猫的深层世界
——民间传说中的猫

在这个世界上，生存着多种动物。我们人类与这个世界成员之一的动物有着各种关联，对于各类动物，人类也产生了与之相应的印象。例如关于狐狸，一方面我们对狐狸的生态与习性有一定程度的了解，同时又对狐狸产生了一种固定的印象，认为狐狸会变身和蛊惑人，或是相当狡猾。当然，从狐狸的角度而言，这些都不过是人类的主观印象。现在，想必很少有人真正相信狐狸会蛊惑人，但这种刻板的印象却很难消除。

接下来要探讨的猫，也是如此。一方面，猫与人类非常亲近，我们对猫的习性了如指掌，而另一方面，人类对猫也抱有颇多脱离现实的印象。这些印象作为构建我们的世界的要素，发挥着重要的作用。可以说，人类对猫的印象在一定程度上反映出人类的世界观。世界有着难以想象的多维性，同样，猫也作为多维化的印象，存在于人类的世界中。

一　令人惊悚之事

对人类而言，猫并非稀奇的动物。据称自古埃及时代起，猫便被人类当作宠物。当今社会，没见过猫的人想必非常稀少，倒是听说现在有不少孩子从未见过马。如果没有特殊情况，应该也不会有人怕猫吧！我们人类自认为对猫的习性相当了解，但是，这并不意味着我们真正"认识猫"。

接下来，我要介绍一名现代人做过的关于猫的梦，这是美国荣格学派心理分析家爱德华·惠特蒙在一篇报告[①]中所提到的。做这个梦的人是一名已婚女子，她出现了幻听，听到有"声音"命令她拿刀刺杀自己的独生子。因过于恐惧，她接受了心理分析的治疗。

她讲述的梦境如下：

> 她梦见自己在一个美术馆里，馆内一尊猫的石像突然活了，它问她在找什么。她回答说，想知道古代人的秘密。猫便将她带到地下室，在那里，她见到了一些拿着火把的古代人。这些古代人问她是否真想加入他们，她回答说："是的。"然后，她在接下来的入会仪式上发誓将自己献祭。

惠特蒙十分重视这名女性在梦中所感受到的深刻的恐惧。女人在石猫的带领下来到地下的世界，参加入会仪式，此刻她对这一切毫不了解。在完全无知的状态下，她一边深感恐惧，但同时选择了相信。惠特蒙指出，这正是我们现代人最缺乏的。

在日常生活中，猫当然不可能会说话，石像也不会有生命。

---

① Edward Whitmont,"Jungian Analysis Today", *Psychology Today*,1972.12: 63–72.

恐怕我们有生之年都不会有这种体验。猫不会说话，石像也不会自己活动，这是毋庸置疑的事实。但对此事坚信不疑的我们，又有几分确信自己的存在呢？我们对自己又了解多少呢？说起来，我们既不知道自己来自何处，又不知道自己将去往何方。如果从这种未知的次元来观察世界，会发现我们原本认为确定无疑的事，其实并非如此。

美术馆中陈列的这尊猫的石像，想来是古埃及的神——贝斯特（Bast）的石像。贝斯特是古埃及的月神，长着猫头猫身。或许，之所以做这个梦，是因为很久以来，这名女子的心中一直被"石化"的部分恢复生机所困扰，引领她抵达心灵深处。我们现代人总是有一种错觉，认为自己对世间万物都了如指掌，极少有人会产生恐惧之心。在这种情况下，那名女性得知自己有"杀死儿子"的可能性，这完全出乎她的意料，紧接着又体验了石化的猫复活并与自己对话，她感到惊悚是理所当然的，而这种惊悚正是我们现代人所缺失的。

从这个视角来看，对人类而言，猫是一种"令人惊悚的存在"，这种形象出现在人类创作的诸多文学与艺术作品中，在此我想以民间故事中猫的形象为中心来展开分析。因为民间故事是自古以来民众智慧的结晶，它记录了人们对事物深层意义的把握与认识。

二 深层世界的显露

日本有很多关于猫的传说和民间故事。我们先来看一下《猫之舞》（《大全》255）。故事讲的是一对老夫妇养了一只猫，有一天，老爷爷出门了，只有老奶奶在家，老奶奶发现这只猫跳起舞（唱起歌）来。猫对老奶奶说："不许对任何人提起此事。"但老爷爷回来后，老奶奶便把猫的事告诉了他，话音未落，猫就将老奶奶咬死了。这则故事，刚开始，老奶奶看见猫踊跃地又唱又跳的部分，还颇有些幽默感，但结尾却荒诞至极，令人惊悚，泄露了秘密的老奶奶转眼间就被猫咬死了。

现实有时会显露它的深层世界，但要求认识到深层世界的人必须要很强大，能够将获知的秘密一直保守下去。当做不到这一点时，跳舞者便会突变为杀人者，这两者其实是同一种存在，而猫的形象兼具这两面性，正适合用来表现这一内容。

日本的民间故事中，人类潜藏在内心深处的恐惧是以猫的形象为媒介呈现出来的，可以列举出《猫和锅盖》(《大全》253AB)、《猫和南瓜》(《大全》254) 等。《猫和锅盖》中，猫漫不经心地看着猎人，默默地数着猎人制作了多少子弹（或箭矢）的部分，让人毛骨悚然。而在《猫和南瓜》中，猫被杀后，从它的尸体里长出了南瓜，含有剧毒。这两个故事里，人类的智慧都在猫之上，从而得以防患于未然，但这两则故事都很好地反映了猫身上所含有的恐怖特征，它们的怨恨在它们死后也不会消失。

比起男性，人们更倾向于将深层世界投射在女性身上。上述两则故事也是如此，都暗示了猫与女性之间的关联。因篇幅限制，在此不再详细论证，感兴趣的读者，请参看上述故事的各种版本加以确认。提及女性与猫的关联，我们必须承认一个事实：在著名的女性秘仪——厄琉息斯秘仪[1]中，猫也被选作女性的化身，这里的猫既代表母亲，也代表少女。

刚刚所列举的民间故事，都用猫来展现女性否定性的侧面，那么想来也存在用猫来展示女性肯定性侧面的故事。而实际上，

---

[1] 古希腊时期位于厄琉息斯的一个秘密教派的年度入会仪式，这个教派崇拜得墨忒耳和珀耳塞福涅。——译注

也的确存在着不少此类民间故事，不过具有代表性的故事多见于西方。在此我想探讨一下《格林童话》中的《可怜的磨坊学徒和小猫》这个故事。

故事开头出场的是年老的磨坊主和他的三个徒弟，这是《格林童话》中常见的人物配置，没有女性角色，只有四位男性。磨坊主让三个徒弟出去找马，年长的两位徒弟故意将老实的小徒弟汉斯落在后面。汉斯遇到了一只花猫，依照花猫的吩咐，给它当了七年的仆人。故事详情在此不再赘述，总之，花猫变身为一位美丽的公主，同汉斯结了婚，故事圆满告终。

这则故事中可爱的花猫与上述日本民间故事中令人毛骨悚然的猫的形象，形成了鲜明对比。花猫所表现的女性形象，很明显，正是荣格所说的女性形象的原型——阿尼玛。正如黑德维希·冯·贝特[1]所言，在西方的民间故事中，多用猫来表现大母神的形象，但同时，也会用来表现此类富有魅力的阿尼玛形象。这种形象引导我们通往的并非存在于心灵深处的令人恐惧的世界，而是更深层的精神世界。

如上所述，表现阿尼玛形象的猫多见于西方民间故事，不过日本的《猫妻》（《大全》117）也属于这类故事。故事中，猫最后变身为人类，过上了幸福的婚姻生活。但这则故事在日本民间故事中颇有特殊性[2]，流传版本也很少，令人怀疑这则故事究竟是否为日本自古流传下来的传说，这个问题还有待今后详细研究。

---

[1] Hedwig von Beit, *Symbolik des Märchens*, Franke Verlag, 1952, pp.355–357.
[2] 关于日本民间故事中的《猫妻》与其他异类婚姻故事的不同，已另作论述，详见拙著《民间传说与日本人的心灵》，岩波书店（岩波现代文库），1982年。

三　恶作剧者

猫并非仅仅表现为女性形象。日本民间故事《猫施主》(《大全》230）中，主人公猫的性别并没有写明，很可能是只公猫，但猫的性别在这里并不重要。福田晃经过细致调查，发现了《猫施主》故事有诸多不同版本。[①]细致地考究各个版本细微的差异，令我饶有兴味。然而限于篇幅，很遗憾在此仅就其中的重点略做探讨。正如上文所述，《猫施主》故事的不同版本存在些微的不同，其中一个版本讲到，一所破落寺院里的和尚养了一只猫，猫发誓一定会报答和尚的饲养之恩。后来，一个财主的女儿去世了，猫施法将她的棺材悬在空中，震惊了众人。饲养过猫的和尚为此诵经，棺材便降了下来，而其他和尚无论如何诵经，都毫无效果。后来，和尚所在的寺院香火日盛。故事中的猫是一只虎斑猫，因而和尚所念诵的经文里有一段"虎啊啊"以及"虎啊，虎啊"的内容，令人倍感幽默。

故事中并未提及猫究竟使用了什么机关或是法术让棺材悬浮起来，但它通过某种诡计得以实现对往日主人的报恩的确是事实。经过此事，穷困潦倒的和尚变得富裕起来。同时，原本颇具价值的佛经在故事中却显得毫无价值，这是对价值观的一种颠覆。如此看来，这只虎斑猫很明确是一个恶作剧者，与上文所提及的猫明显有着不同的功能。它神出鬼没、诡计多端，引发难以预料的事件，给日常的世界秩序带来巨大的冲击。

夏尔·佩罗（Charles Perrault）在他的《穿靴子的猫》中，刻画了作为恶作剧者的猫的典型形象。这个故事被收录于《格林童

[①] 福田晃，《〈猫施主〉的传承与传播》，收录于《民间故事的传播》，弘文堂，1976年。

话》中，在日本也广为人知。在此姑且略去对这个故事的详细分析，总之，故事中穿靴子的猫凭借一个接一个的诡计大显身手，的确是典型的恶作剧者。而且，故事中的猫很明显是一只雄猫。一般而言，恶作剧者多为男性，但在日本的传说中，本来就不在意性别，所以对其中的猫的性别我们也只能依靠推测。

与日本民间故事《猫和老鼠》(《大全》6) 几乎完全相同的故事，也被收录到《格林童话》中，那便是《猫和老鼠交朋友》，这一点很值得关注。这个故事究竟是独立产生的，还是由他处传播而来，这是一个很值得考究的课题，在此暂且不谈，我们来看一下故事内容。故事讲到猫和老鼠成了好朋友，但猫却瞒着老鼠，将它们珍藏的食物一点一点地偷吃光了，老鼠发现后便向猫抗议，结果被猫一口吞掉了。

这实在是一个令人扫兴的故事，对于那些期待着对做了坏事的猫予以应有惩罚的读者而言，故事的结尾令人震惊。也许会有人质疑这样的结尾，但是仔细想想，猫吃老鼠，而非老鼠食猫，这就是天经地义的，本来就没有什么道理可言。这个故事只是自然地讲述了理所当然的事，却对那些认为应该恶有恶报的人造成了强烈的冲击。不过，猫吃老鼠又有什么不对呢？认为这种行为不对的人，不妨思考一下自己是吃什么活下来的。与故事中猫对老鼠所做的行为相比，人类对牛和鸡等动物的所作所为，不是更加恶劣吗？

了解猫的深层奥秘，便是认识人类以及这个世界的深层奥秘。一只猫打破了单一的、一成不变的日常世界，将出人意料的深层奥秘暴露在我们面前，这其中蕴含着不可估量的深意。

第八章
民间故事的残酷性

一 何为残酷

东西方民间故事中都有许多关于"残酷场面"的描写。粗略地翻看《格林童话》，便能立刻找到其中的残酷场面。例如，《小红帽》中小红帽被大灰狼吞进肚子里；《没有手的姑娘》中父亲砍掉亲生女儿的双手；《汉赛尔与格莱特》中父母因食不果腹而将孩子抛弃，虽然我们现在看到的这个故事中的母亲是继母，但实际上最初是生母，格林兄弟后来将生母改为了继母。关于这一点，读者可参考拙著《民间故事的深层》[1]一书。

东方民间故事中的残酷也丝毫不逊色于西方。日本民间故事《咔嚓咔嚓山》中，狸猫不仅杀死了老婆婆，甚至将老婆婆煮成肉汤骗老爷爷喝下。由于这一场景过于残酷，《咔嚓咔嚓山》的绘本大都删减了这一部分。不过，《咔嚓咔嚓山》的原始版本中，也有的在老爷爷喝下老婆婆的肉汤后就结束了，没有提及兔子报仇的情

---

[1] 拙著《民间故事的深层》，福音馆书店，1977年。——译注

节。总之，故事的焦点在于用老婆婆的肉煮汤，因此这一情节无法省略，一旦省略，故事便不成立了。故事《猴蟹大战》也是如此，螃蟹被猴子杀死，为了报仇，小螃蟹用蟹钳剪下了猴子的脑袋，这也是相当残酷的打斗场面。

此类例子不胜枚举，而对这种民间故事的残酷性怀有疑虑的人，在给孩子讲述时往往会改编某些情节。当然，格林兄弟将《汉赛尔与格莱特》和《白雪公主》中的生母改为了继母，这的确是事实，但是，看看日本出售的绘本，有些将故事改编得极其敷衍，令人吃惊。如原本故事的结局是猴子被小螃蟹剪下脑袋，而绘本中大多改为猴子哭着向小螃蟹道歉，于是获得了小螃蟹的原谅，双方最终"和平相处"。此类"改编"的问题容后详述，在此，我们先来思考一下残酷究竟是什么。那些抱着简单的和平念头，制造出这些草率敷衍的绘本的人，是否了解这些内容让阅读或聆听故事的孩子内心觉得无聊到要窒息？将那些自认为对孩子"有益"实则枯燥无味的故事读给孩子听，母亲的这种行为，与骗老爷爷喝下老婆婆肉汤的狸猫又有何不同呢？大人们必须意识到，自己在不知不觉中对孩子做了何等残酷的事。

民间故事讲述的是产生于深层心理的真实，从这个角度来考虑，便能明白民间故事中所讲述的残酷，正是发生在日常生活中司空见惯的事。严禁女儿与他人交往的父亲，不正是"砍掉女儿双手"的父亲吗？将子女作为"食物"吞噬的父母大有人在，也有父母将女儿困在"水晶棺"里。甚至说孩子们想要长大成人，就必须经历精神层面的"弑母""弑父"。如此看来，大人们日常做着许多残酷的事，却又禁止讲述或者改编残酷的故事，此类行为，如同日本"二战"时对出版物的审查，无论如何严厉，最终还是会以更加愚蠢的形式露出马脚。

二　孩子们心知肚明

实际上，孩子完全"知道"这些故事所讲述的事情。不过，在此有必要对"知道"稍加注释。通常大人提及"知道"时，往往过于强调知识的作用。他们所说的"知道"，指的是如何将它纳入自身已有的知识体系，如何与之对照的过程。例如说到狸猫，大人会想到这是一种动物，它的体形与猫近似，住在山里，等等。把它与自己掌握的知识对照之后，会说自己"知道"。但孩子完全不同，对于狸猫，他们的认识是知、情、意全方位的。他们知道狸猫只是一种动物，而不是妖怪，但与此同时，他们不是用脑子，而是下意识地感知到狸猫是狡猾的家伙，喜欢骗人，不仅住在山里，还存在于城市以及自己的心中。孩子们的"知道"是全身心的，是一种有效的智慧。

听到大灰狼在可爱的小红帽面前露出原形，将她吞下去时，孩子会对照自己的经验，将其作为"经常发生的事"来体验。听到"老婆婆肉汤"时，他们也能够通过深层智慧，知道那就是许多家庭晚餐时经常会做的汤。而且，更令人惊叹的是，他们能很好地理解这些并不会在外界现实中发生。想想看，是否曾有孩子在听了《咔嚓咔嚓山》的故事后，想制作老婆婆肉汤？又或者是否曾有孩子在听了《猴蟹大战》的故事后，想用剪刀去剪同学的头？关于这些，大人应该更加放心地去相信孩子的智慧。大人越是不安，就越无法信赖孩子。很多大人并没有意识到，他们以"为了孩子"为由，将残酷的故事改编得温吞无害，这实际上是为了减轻他们自己在直面内在真实时所产生的不安。无论大人怎样想方设法地搪塞，孩子总会知道。

正如上文所述，孩子不会因为听了残酷的故事就变得残酷。那么，完全不接触残酷故事的孩子又会如何呢？首先可以推知的结果，就是这些孩子会自己创造出残酷的故事。实际上这是极其健康的反应，肯定也有大人记得自己有过此类经验。如果父母只是给孩子讲一些"健康无害"的故事，那么孩子就会自己想象残酷的故事，或是从其他人那里探寻这类故事。孩子的灵魂总是渴望着无限的自由。

父母一味地给孩子讲"健康无害"的故事，孩子又没有力量反抗时，那么就会制造出人为的"好孩子"，这些孩子进入青春期之后，会发生急剧的反转，性格大变，甚至会对父母施加"残酷"的暴力。对此，诸位通过最近激增的家庭暴力事件，应该也已经有所察觉。孩子们在听"残酷"的故事时，会从精神层面去认知，将其意义化为自己内在的拥有，因此孩子就必然不会再去做残酷的事情了。而对残酷毫无免疫力的孩子，将会成为残酷的牺牲品。

三　讲述的意义

肯定民间故事中的残酷，并不等同于肯定残酷本身。但是，民间故事中的残酷，真的正如前文所述，完全不会刺激孩子使他们变得残酷吗？关于这一点，必须提到讲述及讲述者的重要性。外在真实通过书籍也能轻易传达，而内在真实则需要由人对人，或者说由人的心灵对人的心灵直接讲述，才更容易传达。因而，民间故事只有在被讲述时才会发挥最大效果，而如果讲述者能够明确知道我在前文中所述残酷的意义，那么无论他给孩子讲述多么残酷的故事，都不会有问题。当然，这里所说的"知道"，是"全身心"意义上的知道。

民间故事在由一个人向另外的人讲述时，所传达的是其内在的真实。孩子虽然会因故事中的残酷与恐怖而惊叫出声，但同时他们会以其中的人际关系为基础，将这些体验消化使其成为自己的东西。民间故事本来是口耳相传的，那么变成书籍之后的民间故事又会如何呢？民间故事本应是被讲述的，而不是被阅读的。但是，孩子在获得了足以支撑自我存在的良好人际关系后，即便是自己阅读，他们也能够在阅读时"听到讲述的声音"。正因为民间故事是经年累月积淀而成，所以具有极高的普遍性，这是因为这些故事中总有一些内容能够引起人类内心深处的共鸣。但是我们也需要考虑到，上述人际关系基础相对薄弱的孩子，在阅读民间故事时，也会感到强烈的不安，受到恶性影响。

变成书籍的民间故事，在传递内在真实时已然有些困难，若要变成绘本或影像，那就更是难于登天了。这是因为孩子们在听了故事将其作为自己的内在现实心中产生画面之前，外在的影像已经将这些画面灌输给了他们。如此一来，他们所获得的就变成了外在真实。因此，制作民间故事绘本，需要考虑周全并具备高超的技术。理想的绘本不是将固定的画面强加给孩子，而是能够将孩子已有的画面扩展得更加丰富。但绘本制作者中又有多少人具备此等认识呢？

电视台拥有无数适合电视播放的素材，也尽可能大量制造与新时代相符的故事。实在没有必要将民间故事影像化，因为那只会破坏孩子们好不容易建构的个性化的世界。大家普遍认为电视上播放民间故事中的残酷场面，有百害而无一利。然而，现在又有多少讲述者能够将民间故事中的残酷的真意向孩子们讲述呢？

第九章
梦与民间故事

一 梦

　　首先必须说明，笔者并非研究民间故事的专家，而是一名心理治疗师，是从属于瑞士精神分析家卡尔·古斯塔夫·荣格学派的心理治疗师。在心理治疗时，为了了解人类无意识的心理过程，我们采用的方法之一便是梦境分析。通过分析患者的梦境，了解患者的内在世界，在此期间，我关注到一个突出的现象，即梦的主题与自古流传的民间故事的主题有着高度的相似性。这种相似性不应限定在梦与民间故事的范围，而应扩展到反映个人无意识的心理活动的梦、白日梦、空想以及幻视、妄想和超越个人的、集体共有的神话、传说、民间故事等范围。梦的主题与民间故事主题的相似性，蕴含着解答人类问题的关键所在。

　　为了便于展开话题，在进行抽象论述之前，我先对一个案例中具体的梦境进行分析。梦的主人是一个20多岁的未婚女子，她来自欧洲。我让她将自己的梦写下来，治疗时带给我看，但她表示自己不仅对梦毫不关心，也几乎不做梦，当然，很多人都会这样说。于是我嘱咐她，只要做了梦，就把它记录下来。然后，她记录了以下的梦，梦的内容连她自己都感到十分震惊。

梦——

最开始的部分记不清了，大概是我的男朋友要和某些人签订合约。我发现那些人是巫师，于是我告诉男友，不要和他们签约，为了返还合约书，我们约好和他们相见。我们在镇上一个类似市场的地方见了面，我把合约书递给他们中的一个人。接着，那个巫师在合约书上撒上一种白色的粉末。当他嘲笑似的看着我时，我恍然察觉到他是要骗我。我感到非常害怕，想拉着男友一起逃走，但到处都找不到男友。我想他一定是已经出事了，就战战兢兢地四处找他。这时，巫师和周围的人都开始离开了，巫师们完全改变了自己的装扮，我无法分辨出谁是巫师，谁是普通人。我追赶着其中三个人，追上之后便仔细地端详他们的脸，他们面无表情地瞥了我一眼，而我完全不知道他们是谁。此时，我看了一眼撒白粉末的男人还给我的那份合约书，发现上面的内容完全变了。变成了两张纸，上面有用打字机打出来的几段话。我开始读上面的文字，上面写着：我必须去找我的男朋友，并要找到他。纸上的具体内容我记得不太准确了，只记得上面规定了我寻找男朋友时禁止做的各种事。我还记得其中的一点：我必须接受的惩罚，那就是被大黑狗追赶并被它咬住腿拖走。关于这条惩罚的图就绘制在纸边上，图中有一条大黑狗正咬住一个想要逃跑的人的腿。我边走边继续看，心想这上面肯定有保住我腿和救出男朋友的方法，找到这个方法，正是我必须要做的事情。我正在想着，突然，一个男人对我说，他也想看看这两张纸。我以这是秘密为由拒绝了他。可他依旧固执地要看，我仔细地瞅了一下他的脸，发现他长着一双蓝色的眼睛，面色发红，表情阴沉。我认出他是个恶魔，但又觉得他有可能帮助我找到男友。于是，我指着纸上写的内容说："如果你能答应不对我使用魔力，而是使用对巫师所施的法术来帮助我，我就给你看。"我一边说着，又想到恶魔是"谎言之父"，无法保证他一定会遵守约定，和他做交易可能并不明智。然而，我转念又想，他是唯一一个能帮助我的人，于是我决定尝试一下，就把我的要求向他重复了一遍。他在听我说话时，他的体量也在不断地发生着变化。刚开始时他比我矮小得多，我得低头看他；后来他又变得比我高大很多，我不得不仰视他；然后他又开始变小，在他的反复变化中，闹钟响了，我就醒了。

这个梦稍微有点长，我未做删减，全部抄录于此，相信大家一眼就能看出这个梦所带有的"民间故事"的特征。梦境的主人也是如此，但她更多的是对这个梦感到震惊，因为她是一个很现实的人，对这种"荒诞无稽"的民间故事毫无兴趣。不过，倘若分析一下这个梦所包含的民间故事的主题，那么即便是粗略分析，也能罗列不少。首先，"合约"或约定是民间故事的惯用素材，它多与这个梦的签约相同，大都是不了解对方的来历就签订了合约，最终惹来麻烦。其次，他们彼此见面的"市场"，作为形形色色的人会聚相遇的空间，也是富有象征意义的场所。在那里，我们会遇到很多人，但不会去辨别所见的人是魔法师还是普通人，"辨别"也是民间故事中常见的主题。寻找消失的恋人，并且伴随着赎罪的主题，在世界各地的民间传说中更是数不胜数。梦境中的主人——她在寻找魔法师时突然出现了"三个人"，若是仔细地分析这一点，也会引出无数的话题。粗略地翻看一下《格林童话》，就能发现其中存在着大量以三人为主题的故事。此外，为帮助寻找恋人而出现的恶魔，要不要赌一把的迷茫与决断，以及最后恶魔可以随意变换大小的设定，这些都是民间故事的常见要素。但遗憾的是，与民间故事不同，这个"故事"因闹钟响起而中断了。

我的目的并非要释梦，只是想通过这个梦，让读者意识到梦与民间故事之间的相似性，下面我想结合民间故事，探讨一下这类梦的形成。

二　补偿功能

有必要说明一点，像上文所介绍的梦那样具有强烈的民间故事要素的戏剧性的梦，实际上并不常见。那与荣格所说的"第一梦"[①]很接近，很多人的"第一梦"都富于戏剧性，而且经常出现民间故事中的主题。这一点容我在后文再议，下面先介绍一个日常梦的典型案例。这是一个初中生的梦，梦到"自己早上不小心睡过了头，一直睡到九点才醒来。我心想，上学已经迟到了，便慌慌张张地跑去餐厅，结果母亲微笑着对我说：'睡得真香啊，睡得好有益于健康'"。这个梦令他自己都感到吃惊，因为梦中母亲的态度与平日截然相反，简直像是在鼓励自己睡懒觉。这种梦是一般人普遍会做的梦，更容易感同身受。

人类的行为以及周围的现象本来就是具有多重含义的，睡懒觉这一行为亦是如此，既可以视之为导致迟到的坏事，也可以视之为"有益于健康"的好事。而且，这个少年在感情上更倾向于肯定

[①] 关于第一梦的重要性，参考了C.G. Jung, "The Practical Use of Dream-Analysis", in *The Collected Works of C. G. Jung*, vol. 16, Pantheon Books, 1958.

睡懒觉的行为。尽管如此，人类的社会生活必须要有一些统一的规范，并且需要割舍个人及负面的意识，从而完全遵守这些规范。这个案例中的少年，倘若他的意识完全接受了这些规范，那么，至少在他的意识范围内便不会有问题。不过，他的无意识中会产生相应的补偿倾向。也就是说，一个人的内心，包含意识与无意识，存在着一种寻求整体统一的意向。当人在睡眠时，意识的管制力会变弱，无意识的心理活动便会形成意识化的片段，这就是梦。

这个少年通过梦产生的对其意识的补偿功能，也适用于其他中学生，因为其他中学生的意识处于与他极其相似的状态。当他将自己的梦向同学讲述时，应该会引起很多人的共鸣。"鼓励孩子睡懒觉的母亲"的形象，能够抚慰少年人的心灵。此时，关于这则梦的"讲述"便更加接近于传说了。换言之，当"A君的母亲"成为一个专有名词后，这件事便成为初中生们难忘的一个故事。而关于睡懒觉这样一件简单的事情如何打动人心，在《鹅妈妈童谣》中也有所展现。①

> 埃尔希·玛丽，出落得健康美丽，
> 不肯起床去喂猪，
> 懒觉睡到八九点，
> 懒惰的埃尔希·玛丽。

仅有短短几句话的这首童谣，却被无数人传唱了两百多年，这一事实意味着什么呢？实际上每日都早起劳作的人们，他们内心深处同时被这首歌谣打动，从而喜欢上它。这首歌谣中吟唱的埃尔希·玛

---

① 谷川俊太郎译，《鹅妈妈童谣》（全6卷），草思社，1975—1977年。

丽，究竟是什么人，一般人根本不会去考虑。因为这个人物早已超越了时代与地域的限制，代表着所有人心中的一个倾向。留存于人类内心深处的事物，可以超脱时间与空间的制约。民间故事中常见的"很久很久以前，在某个地方……"这种讲述方式，最适合用来表达这一类事物。从这个角度考虑，也就很容易理解，为何民间故事中会有那么多懒惰行为，远不只爱睡懒觉的"懒人"的故事。而且，那些故事不仅增加了幽默感，甚至有一些还进一步发展成懒人成功的故事类型。关于民间故事中懒人形象的意义，本人已在另一篇文章里论述过①，在此不再重复。这类故事充分展示了民间故事的补偿功能。

梦具有补偿个人意识的功能，同样地，民间故事也具有补偿人类集体的文化以及规范的功能。从这一观点来看，民间故事必然与它产生的时代和文化密切相关。例如日本民间故事中的《穷神》②，讲到君主乘坐轿子路过街市时会驱赶民众让路，传说此时如果把扁担扔向轿子，就会变成有钱人。故事中有人真的鼓起勇气打了君主，于是轿子中散落出大量钱币。笔者在瑞士荣格研究所介绍这个故事时，民间故事研究专家冯·弗朗茨女士表示，瑞士不存在这种类型的民间故事，因为在瑞士的街头，通常会出现反抗领主、开展民主运动的场景，所以并不需要通过民间故事来补偿。用心理补偿的观点来分析民间故事颇有意义。但需要注意的是，不能过于机械地考虑补偿功能。也就是说，不能简单地认定，只要在文化表层存在某种倾向，民间故事中就一定存在与其相反的内容，因为即便存在相反的倾向，对于如何表现这种倾向，一

---

① 拙稿《懒惰与创造》（收录于《民间故事的深层》4），《儿童馆》1975年10月号，福音馆书店。
② 关敬吾编，《一寸法师·猴蟹大战·浦岛太郎——日本民间故事（三）》，岩波文库，1957年。

定会在某种形式上受到表层文化的制约。归根结底，梦也不过是"意识化的产物"，那些对意识的存在产生威胁的事物，是难以在记忆中留下痕迹的。

民间故事一方面受到它产生的时代与文化的制约，同时又对时代与文化起到补偿作用。因此，同一个故事会随着时代的变迁，一点一点地改变其内容，同一个主题的故事在不同文化的国家，故事的展开方式也会有所差异。对这些改变和差异进行研究很有意义。另外，应该如何看待民间故事在不断改变中依旧富有长久的生命力，也是一个值得思考的问题。

三　集体无意识

前文所介绍的那个少年人的梦中，存在着一个鼓励睡懒觉的母亲的形象，而且以睡懒觉为主题的歌谣也能在《鹅妈妈童谣》中找到，可以说，这类形象超越了时代与文化的限制，具有相当大的普遍性。

本章开篇所列举的梦中包含了历尽艰辛去寻找并拯救遗失的恋人这一主题，前文也曾提及该主题颇具普遍性。荣格在对很多人的幻视、妄想以及梦进行研究的过程中，注意到了其中出现的主题与神话、传说、民间故事中的主题存在诸多共通之处，最终，他提出了人类的深层潜意识中存在着人类共通的集体无意识这一假说。当然，反过来考虑，也有人认为，大多数人在孩童时期都听过民间故事，受其影响才会梦到相似的主题，出现这种质疑，也是理所当然的。而要证明一个人没有听过与梦的主题相似的故事，几乎是不可能的。关于这一点，在此不再详细展开讨论。然而，荣格曾试图通过严谨的列举来否定先行经验的实例，对以上的观点做出了反驳。①

我们以第一个梦为例来进行分析。做这个梦的女子当时和男友处于同居状态。她不想被婚姻束缚，认为婚姻的理想状态是，与自己喜欢的人同居，感情淡了就分开，而且实际上她也是这样做的。从理论上讲，这么做本身并没有任何问题，但是，她的潜意识却以梦的形式向她传达了信息，即她遗失了自己的男友，为了救出男友，她必须以身涉险，竭尽全力。她要冒着危险，甚至可能会被黑狗咬断腿，以及与恶魔交易。甘冒如此巨大的危险也要救出恋人的这一意象，在她心中究竟意味着什么呢？现实中，她的恋人并没有遭遇任何危险，而且她觉得，即使两人发展到要分开的地步，干脆利落地分开就好。

对于人类而言，异性是与自己迥然不同的存在，同时又会让自己产生想与之结合的强烈欲望。只有两者结合，新的生命才会诞生，种族才得以延续。荣格认为，永远无法理解却散发着令人难以抗拒的魅力的异性形象，最适合用来表现自古以来被称为人类之灵魂的事物。对立事物的统一是人类永恒的课题。再说那个做梦的女子，她的自我，或者说是她的意识与认知范围内的自我，正如前文所述，对男女关系很看得开，这一点毋庸置疑，但同时她的潜意识却告诉她遗失了自己的恋人。这里所指的恋人并非现实中的男友，如果将她潜意识中的男友作为她灵魂的象征来看待，那么，那个梦向她传达的信息便是，她正处于迷失灵魂的危险状态。倘若有人不适应灵魂这一表达方式，也可以理解为她的自我失去了与内心深处的联系，但这又意味着什么呢？

---

① 参照C. G. Jung, "The Structure of the Psyche", in *The Collected Works of C.G. Jung*, vol. 8 Pantheon Books, 1960。

为了能活得安定，我们必须从一定意义上确认自我的存在。而若要确认自我的存在，首先要考虑自身与外界的联系。思考我们在哪里出生，现在住在何处，接下来要去往何方，等等，像这样通过与外界相连，用时间与空间进行自我定位，我们才能安定。但是，其实我们也需要对自己的内心进行定位。我们究竟从何处而来，又将去往何处，这是一个永恒的问题，对这个问题，仅仅回答我们来自母亲的胎内，并终将葬入坟墓，显然是不能令我们满意的。这个问题的答案在于，将自我在自己的内心世界进行定位。而在精神世界里，时间、空间等标准都是不适用的。现代人过度沉迷于外部文化的发达，从而疏于确认自我的存在。换言之，现代人的自我变成了脱离灵魂的存在，这正是那个梦给予那个女子的警示。在现实生活中，她与近代合理主义缔结了契约，而她的梦却以一种讽刺的方式告诉她，合理主义就是恶魔。

　　在上文，我将内在世界与外在世界隔离开来做了论述，而实际上两者之间有着千丝万缕的联系。倘若有一个人，他早年在故乡的庭院里种了一棵松树，后来他离开了家乡。而在某一天，他回到家里，发现松树被人砍伐了，那么他的心一定会受到打击，因为庭院中的那棵松树是他存在的一个证明。再如，人们在看到恋人的微笑时，其内在世界会发生巨大的震动。那么，如果要将恋人的微笑传达给其他人，我们该怎么办呢？如若完全从外在来记述，我们只要测量她微笑时面部肌肉的松弛度，数一数她在微笑时眼角皱纹的数量即可。不过，如果不仅仅通过外部视角，还要加上看到这个微笑的人的内在体验的话，我们就不是在记述，而是需要"讲述"了。"讲述"是一种重视讲述者内在真实的传达方式。比起记述恋人接吻的时间与力道，因一个吻沉睡百年之久的事物皆被唤醒，这种讲述方式更让我们觉得真实。不过，我感觉遗憾的是，原本讲述是无法脱离讲述者的，讲述者全身心地投入其中，倾听者才能从故事中感受到内在的生命力。但如今人们大多通过阅读铅字来了解"讲述"，民间故事的内在精神自然难以传达。

讲述内在真实的故事，在某个时刻会帮助某个人在自己的内在世界对自我进行定位。而且，故事与人深层的内在世界的关联度越高，对其他人就越具有普遍性。越具有普遍性，便越具备超越时间与空间的存在意义。如此一来，这类故事非常适合使用"很久很久以前，在某个地方……"的讲述方式，这种讲述避免用时间与空间定位，因此不会被时代的洪流湮没，才得以永久流传。这些故事超越了单纯的对意识的补偿，讲述的是我们人类将自我根植于更深层的集体无意识之中，并确认它存在的体验。

四　梦与民间故事

从上文的论述可以看出梦与民间故事具有高度的相似性，而对此常见的反论便是声称"我没有做过那类梦"，关于这个问题我想稍作说明。荣格心理学将人的性格分为内向型和外向型，世上的确存在一些性格外向的人，他们甚至对"内在真实"一类的用语都难以接受。对于梦亦是如此，有人会敞开心扉，也有人会关闭心门，这是无法避免的。但即便如此，我还是必须要强调一点：梦一般很难被记住。这是因为梦在某种意义上原本便有着与做梦人的自我不相容的性质。但此时，倘若一个具有分析师人格的人决心与做梦人共同探索无意识的世界，那么事态就会发生改变。这种决心大多会促使此人将迄今积聚在其无意识中的事物，按照当时的状态被意识化成有条理的内容，甚至还会包含对未来的展望，从而生成一个戏剧性的梦。这便是前文曾论及的第一梦。但这种梦为数不多，大多数梦会梦到与日常生活相关的片段。荣格指出，非现代社会的人常常将梦区分为大梦和小梦。所谓大梦一般都包含基于集体无意识的内容，并且常伴随着做梦人难以表达的深层情感体验，可据此来进行分辨。然而，如果仔细观察就会发现，小梦的底层也存在一些普遍性的意象。例如，即使是鼓励睡懒觉的母亲的那个梦，如果换一种说法，也可解读为"不希望儿子醒来的母亲"或是"劝诱人类进入永眠的母亲"，那么这个梦的普遍性便相当高了。

正如前文所述，梦的功能是确认自我的存在，在这一点上与神话具有高度的相似性。神话有助于一个国家或民族确认其作为一个统一体的存在。神话中既包含基于集体无意识的内容，也存在一些人为有意识的雕琢，从而确立一个国家或民族的统一认同感。因而，当那个国家或文化衰微时，神话便失去本来的目的而解体，但其中具有普遍性的片段有时会以民间故事的形式留存下来。反之亦然，基于集体无意识的某个民间故事，也有可能在某个时期，因与其相关的文化或国家的兴盛而被披上神话的外衣。相比而言，传说往往与特定的场所或人物有关，它与外在现实之间的表层联系并没有被切断，在功能上与神话和民间故事发挥着同样的作用。传说并非有助于一个国家或文化的自我确认，而往往与确认当地某一豪族，甚至是一棵树或一块石头的存在有关。不过，正如前文所述，这些树或石头在某种意义上，也与某个人类群体的确立相关联。

冯·弗朗茨曾通过例证指出，梦的个人体验可能会发展为民族祭礼，而传说与民间故事之间也能相互转化，从这些素材所具有的人类普遍性而言，这些转化也是理所当然的。[①]当然，其中也

---

① M.L. von Franz, *An Introduction to the Psychology of Fairy Tales*, Spring Publications, 1970.

存在故事传播的问题，但根据上文的论述，应该可以理解。当我们发现类似的故事时，并不能断定这与传播有关。尤其是民间故事，它不同于神话和传说，与外界的关联比较薄弱，因此更具普遍性。我们从这些角度入手，将民间故事作为集体无意识作用的反映进行研究，这与从其他侧面对民间故事开展的研究之间并非不相容。因为将民间故事的某些内容或主题与外在事实联系起来展开的研究，与我们探究其内在意义的研究之间，并非相悖，而是相辅相成的。

我们的研究方法所面临的最大问题在于，如何能将所发现的讲述者和倾听者的内在真实转化成"学问"。关于民间故事，考证其产生的年代，寻找类似的故事，探明传播路径等，这些研究都与某种外在事实有关。近代学问基本确定了以客观事实为基础，以逻辑实证主义为中心的形态，学问的意义被定位于这种形态之后，与外在事实无关的探索便很难成为"学问"了。然而，这种只追求客观事实的研究方法会扼杀民间故事中珍贵的"讲述性"。这是民间故事研究中存在的困境。作为研究者，究竟是坚守重视外在事实的逻辑实证主义的底线，将感受到的"讲述的真实"作为个人娱乐的悄悄赏玩，还是选择以故事的内在真实为中心进行"研究"，从而陷入偏离研究者之路的危险之中呢？在本章所举出的第一个梦中，女主人公为了从魔法师手中救出恋人，试图借助恶魔的力量，这里的恶魔或许就象征着分析师。在重视外部事实，奉行合理主义的那个女子看来，分析师之类重视梦的人，或许正是与恶魔无异的"谎言之父"。倘若近代合理主义是魔法师的话，那么分析师就是恶魔。而且，恶魔的身形忽大忽小，变幻不定，这也如实地反映了，对她而言，内在真实的形态是多么地难以把握。在前文中，笔者使用了"超越时间与空间，在内心进行自我定位"的表述方式，那么抛却时间与空间的尺度，我们能否进行定位以及确认大小呢？那个梦的最后一部分，恰好反映了这种困惑，而且并未给出解答，梦就中断了。这个问题对于要从心理学的角度对民间故事进行"研究"的人来说，至关重要。但笔者在本稿中也无法给出解答，仅仅指出这种研究的困境，就此搁笔。

第十章

讲述边界体验

——读村上春树《海边的卡夫卡》

今天，我想谈谈最近出版的村上春树先生的小说《海边的卡夫卡》，这是一部充满各种意象的作品。首先，题目便十分有趣。所谓"海边"，是大海与陆地的分界线，因此我们首先联想到的便是"边界"，大海与陆地的边界。其次，"卡夫卡"一词，其发音与"可，不可"相同，也可以理解为表示可与不可的边界，当然这不过是戏言，但实际上这本书的确涉及各种边界。生死之边界、善恶之边界，以及我们研究心理学的人经常提到的意识与无意识的边界，还有成人与儿童、神与人、物质与精神、男与女之间的边界等等。我认为这本书十分精妙地描写了这两个世界的边界。

写就这样一部作品是十分困难的，作者要将自身置于边界地带，并保持不偏向任何一边。做到这一点，不仅需要相当强的意志力与体力，还需要幽默感。这部作品中便存在着难以言喻的幽默感。

我认为这是一部伟大的物语小说。有些人会区分物语与现代小说，当代人大都更喜欢小说，不少人甚至认为物语之流过于幼稚。而我则感觉现代的小说太乏味，更加喜爱物语。所谓物语，如字面所示，正是"物"之"语"，既可以理解为对"物"进行讲述，也可以理解为"物"在讲述。人们一般会对心与"物"做出区分，但其实在日本对这两者并没有明确的区分。所以物语指的也是人们对与心分离之前的"物"的讲述，或者这种"物"自己的讲述。我想这种意义下的物语所讲述的是远比人类厉害甚至人类无法左右的"物"的变化。因此，我非常喜欢神话以及民间故事这一类的物语，对平安时代的物语也尤为喜爱。阅读这类物语时，会感到人类实在是不值得一提的存在，他不过是参与到"物"的变化这一大趋势中的极其微不足道的组成部分。然而，我们经常听到人们在评价现代小说时，会称赞小说描写人物形象的技巧，称赞作品如何巧妙地刻画主人公和主人公周围的各种活生生的人物，而且人们还会夸赞小说对人物爱恨交织的心理描写得如此地高超，但这些内容是我们在心理咨询室里每天都会听到的（笑），所以没有必要特意地再去读小说里这些甚至已经听厌倦了的内容。还是"物"的变化更令人感觉精妙。那些前来找我们咨询的人，我想大都是对这些"物"的变化不知所措的人。这些巧妙地描写活生生人物的小说，或许已经与"物"的世界发生了脱节，当然这也是现代人的特征。现代人容易脱离"物"而产生仅依靠人自己的意志就什么都能办到的想法。很多人试图凭自己的意志完成伟大的事情，这些人往往会认为物语没有描写人类的姿态，十分无聊。不过，从这个角度来看，《海边的卡夫卡》也处于一种边界。作为小说，这部作品的人物刻画很巧妙，内容也很有趣，同时它也是一部很好地描写了"物"的变化的作品。作品中表现了超越人类存在的"物"的变化与人类意识的接触，这赋予了作品一些神话色彩。物语的要素比较强烈的部分，人物形象会显得平面化而单薄，但这也有它相应的必然性。这部作品同时也具备了当代小说的特点，实在是一部有意思的作品。

一

《海边的卡夫卡》中的主人公是一位15岁的少年。我想如果要观察并描写生活在现代的人内心深处的变化，那么以15岁少年为描写对象，应该是最适合的。然而，若是一般的小说，将主人公设定为15岁的少年，恐怕作者会着重考虑如何捕捉15岁少年的姿色，以及如何将其描写出来。但我感觉《海边的卡夫卡》的主人公并非这种意义上的主人公。所谓成年人，有很多人会被常识之类的东西蒙住眼睛，难以看清事物的深层。然而主人公是处于青春期的少年，这正是一个能够看到，或者说不得不看到，不由得会看到深层事物的年龄段。有些东西只有15岁的少年才能看到。这个少年称自己为田村卡夫卡。

小说以卡夫卡在15岁生日当天离家出走开始。15岁的卡夫卡与另一名少年展开了对话，他便是乌鸦。据说"卡夫卡"在捷克语中是乌鸦的意思，这正是一种意象。乌鸦并非一个实际存在的人，而是存在于人心中的意象。小说的书页凡在名叫乌鸦的少年出场的章节上方，都有特别的装饰标识，这在其他章节是没有的，是专门为了突出乌鸦出场的特殊性而设计。在小说末尾的一章，又一次出现了这种装饰标识。而在这一章出现标识的意思是难以解释的，我想，也没有必要一定去对这一切做出无理的解释。

这位15岁的少年不那么善于和朋友交流，只是一味地锻炼身体。小说中有一个场景，乌鸦少年对主人公说："你要成为世界上最强的15岁少年。"这意味着作品所描写的并非15岁的普通少年，他是一位十分特殊的主人公，他以15岁少年的眼睛观察日本，体验日本。

卡夫卡少年离家之后要去的目的地是高松。这里也有一个十分重要的意象，要去往四国必须要过桥，要跨越一座大得无边无际的桥，去往对面的世界。少年之所以离家出走，很明显是因为背负着命运以及预言。父亲一直对他说："有一天你会杀死你的父亲，与你的母亲交合，而且还会与你的姐姐交合。"他身上背负着这种预言，大家一定会联想到俄狄浦斯的主题。也许会有人认为这是将自古存在的俄狄浦斯的主题写成了现代的物语。但其实并非如此。俄狄浦斯的故事中，说出预言的是神，是阿波罗，而接受神谕的是俄狄浦斯的父亲。但在《海边的卡夫卡》中，预言是少年自己听父亲说的。两者存在很大差异。众所周知，在俄狄浦斯的故事中，他自己对预言毫不知情。直至到了青年期，他听到了预言之后试图逃脱。然而，他越是拼命逃脱预言，结果却越是走向预言中的命运，最后以悲剧告终。

俄狄浦斯是个非常有能力的人，既有智慧，又有力量，但他发现自己越是努力去挣脱令人意外的预言，越是难逃命运的安排。最后，俄狄浦斯的母亲上吊自杀，他也刺瞎了自己的眼睛，故事以悲剧告终。而在《海边的卡夫卡》中，少年一开始就知道自己的命运，并且是从父亲那里听说的。这意味着什么呢？我想，它意味着一种恐惧。在古代，有些事情只有神知道，并只能按照神的意志运行；到了如今，却变成了人类在做，或者说人类不得不去做，这是很可怕的。无论是在日本神话，还是希腊神话中，自古以来的诸神总是任意妄为的。例如宙斯，他经常潜入各种女性的住处，倘若现在日本的总理大臣做了类似的事情，那一定会被媒体冠以"偷情帝王"之类的称呼，而天天口诛笔伐吧。总而言之，在人类世界被认为是恶的，绝对不能做的事，任意为之的正是神。他们动辄还会互相杀戮。这些由神上演至今的剧情，现在必须由人类来演绎，这是因为人类夺去了神的宝座。以前，神是一种伟大的存在，人类一边拜神，一边在神的庇护下姑且活着。然而，后来人类逐渐变得自大起来，自以为了不起地做了很多事情，飞上了天空，登上了月球，完成了甚至神也无法办到的事情。终于，自古迄今由神承担的恶，如今也只能由人类背负了，这的确有些可笑。但我们正是生活在这样的现代。俄狄浦斯和卡夫卡少年在这一点上是不同的。俄狄浦斯毫不知情地努力生存，却被迫背负凄惨的命运。而卡夫卡少年从一开始便知道其命运的预言，而且他甚至试图去实现这个预言，他认为自己总有一天会杀死自己的父亲，并与母亲交合。

小说中，早在卡夫卡少年的时候，母亲就和他的父亲离婚了，她带着女儿离开了家。在卡夫卡少年的记忆里，他母亲的样貌十分模糊。而对于姐姐，因为家里保存着过去自己和姐姐在海边的合影，因此他知道自己有一个姐姐，似乎也有过母亲，不过她们都离开家走了。当然，他对父亲是怀有怨恨的，想着有一天要把父亲杀死，他还有着想和母亲以及姐姐交合的念头。而且，对于母亲他也有怨恨，他不明白母亲为何弃自己于不顾，为何带走姐姐却抛下了自己，这些也与俄狄浦斯完全不同。卡夫卡少年就是在这种状况下背负命运的预言的。之后少年真的杀死了父亲，与母亲交合，又与姐姐交合了，但是方式不同寻常，这也与俄狄浦斯完全相反。俄狄浦斯是在完全不知情的情况下，杀死了父亲，并与母亲结合，后来才知道自己的命运。而卡夫卡少年以上的行为都是在意象中进行的，实际上是否真正发生了并不明确。前者是无意识中在有意识的世界里实现了预言；而后者则是意识到自己的使命，而实现使命的行为却是在无意识的世界里进行的。

二

　　但如此惊人的事情，仅靠少年一人是很难完成的。于是有趣的配角出场了。众多出场人物就像是反向的宇宙大爆炸一样，被"物之力"裹挟着向高松聚拢。中田便是其中的一人。可以说中田是了解事物变化的力量的人。中田现在是一位初老的大叔，他在少年时代有过不可思议的体验，自那之后变得不识字了，依靠东京都的补助金生活。

　　中田平时是一位寻找猫的人，有一天在寻找一只猫时，他发现了一个装扮奇特的人，此人头戴黑色丝质帽，身穿红色上衣，脚蹬长靴，他似乎也在捕捉猫。之后中田去了这个奇异男子的家里，男子的名字竟然叫琼尼·沃克（笑）。这一切十分唐突地出现，令人觉得有趣。琼尼·沃克收集活着的猫，将它们活活虐杀，然后收集猫的灵魂，要用这些猫的灵魂制成一个神奇的笛子。他当着中田的面，将中田认识的猫都杀死了。而且关键是要在猫活着有意识的时候将它们杀死，掏出猫的心脏，自己把它吃了，然后再取出猫的灵魂收集起来。琼尼·沃克就这样一边当着中田的面杀死猫，一边对他说："中田你不忍心看下去了吧？那你就杀了我吧。"中田最终难以忍耐，他杀死了琼尼·沃克，然后，他发现自己独自一人躺在野外。

　　与此同时，卡夫卡少年也去了高松。一天，他失去了知觉，醒来时发现自己满身是血，一个人站在公园里。之后，他在报纸上看到，在同一时刻，自己的父亲在东京中野区被杀死了，这也和中田杀死琼尼·沃克的时间相同。这里的构思十分巧妙，被杀死的琼尼·沃克似乎就是卡夫卡的父亲。如此一来，杀死父亲的究竟是卡夫卡少年，还是中田，变得十分扑朔离迷。

杀死父亲，这是卡夫卡有意识的使命，但他的行为却发生在意象的世界里，这与俄狄浦斯恰好相反。而且，在这部小说中的中田、琼尼·沃克以及卡夫卡的父亲身上都带有父亲形象的碎片，这就使得小说更有意思了。

中田是知道自己必须要去往高松的，并在那里寻找某些东西，但他自己既不会买票，也不会乘车。这时，戴着中日龙棒球队帽子的星野君出现了，他是一个长途卡车司机。他被中田所吸引，他虽然不知道中田为什么要向西走，但还是搭载了中田。在高松，星野君独自在街上行走，这时出现了一个人把他叫住了。星野君感觉这个人很面熟，之前一定在哪里见过他，对方自称名叫卡内尔·山德士，他就是肯德基门口立着的那位老爷爷。他与琼尼·沃克是形成对比的人物。卡内尔·山德士曾给星野君很多帮助。我在第一遍阅读这部小说时，这里的意思并未读懂。卡内尔·山德士与琼尼·沃克的确都是十分有趣的人物，但是小说中他们却让我感觉很唐突。不过，在读第二遍时，读到琼尼·沃克杀死猫制作笛子，我联想到了希腊神话中的神——赫耳墨斯的故事。赫耳墨斯是一位典型的恶作剧者类型的神，曾经杀死乌龟，将它制成竖琴。我又想起自己以前在《民间传说与日本人的心灵》中曾经写过的内容，赫耳墨斯杀死乌龟制成竖琴的方法也是极其残忍的。他看到乌龟过来，笑着对它如是说：

"这真是无比幸运的象征，能见到你太高兴了。你这帅气可爱的家伙！令我吃惊的朋友！宴会的伙伴！你来得正是时候，可爱的玩具！山里的居民！你是从哪里背上如此闪耀的龟壳？我带你进屋吧！你来为我出力。我不会轻看你的，你快来帮助我吧，快跟我回家！因为待在外面你只会遭遇灾祸。你活着或许你是一个抵御外敌的盾,但如果你死去,你会变成美妙歌声的回响。"赫耳墨斯一边说着,一边将乌龟领进家门,然后在家里将乌龟劈开做成了竖琴。

这便是希腊神话的故事。赫耳墨斯并没有对乌龟说,很抱歉,请你变成竖琴,而是对它说,你待在外面会遇到灾难,所以跟我回家吧。而事实上,赫耳墨斯是要杀死它,而且杀害的方式很残忍。对此,神话学家卡尔·凯雷尼①曾写道:"赫耳墨斯在这只可怜的乌龟活着时看到它就像看到优美的乐器。对乌龟而言,那件优美的乐器意味着充满痛苦地死去。而且在做这件事情时,赫耳墨斯并非采取一种朴素直接的做法,而是以阴险残酷的手段为之。"这就是所谓的神。这里所说的阴险也好,残酷也罢,都是站在人类的角度而言的。而对神而言,在他看到乌龟时,就已经将它视为竖琴了。阴险地达到制作竖琴的目的,就是神的工作。由此,可以说琼尼·沃克是近似于神的存在,在看到猫时,他所看到的猫就已经是笛子了。

卡内尔·山德士也是接近神的存在。他是十分积极的形象,而琼尼·沃克则是十分恐怖的形象。他们都生长于西方,又都走向了全世界。两者都称霸世界,一个是靠高级酒称霸,一个则是用炸鸡称霸。可以说,在人类的上层社会看到的神的形态是琼尼·沃克的存在,而在人类的下层社会看到的神的形态,则是卡内尔·山德士的存在。现在,在我们之上的神是残忍可怕的,而卑俗地接近土地的低级神则是积极的形象,这一点很有意思。另外,卡夫卡的父亲、琼尼·沃克以及卡内尔·山德士和中田都是父亲的形象。父亲

---

① Karl Kerényi(1897—1973),匈牙利古代文献学家、比较宗教学家、神话学家,在宗教学以及神话学、文化人类学等领域著述颇丰。与C. G. 荣格合著有《神话学要义》。

有很多，所以事情没有那么简单，杀死父亲不是一次就能轻易结束的，而是要杀了又杀，但父亲还是会以各种形态出现。这一点大概是古代与现代的差异。以前，杀一次父亲，杀一次母亲，之后便能成人了，但在现代，却没有那么单纯。现代即便杀死一次，他们还是会以各种形态残存下来。也就是说，消除恶不再是那么简单的事情。而猫经常会作为灵魂的象征出现，是抵达灵魂的路，或者说它作为一种引导灵魂的声音，它的力量充满世界，而杀死这样的存在，究竟是恶事还是善事，我难以判断。这部作品的高明之处在于，它所描写的善与恶是难以简单区分的。很明确，在这部小说中，卡夫卡少年正是被"物"的力量左右而活着的。

三

那么，作品中的母亲形象又如何呢？书中作为母亲出场的是佐伯女士。她是高松一家私立图书馆的馆长，在这座图书馆帮忙的大岛出于善意，安排卡夫卡在图书馆住下。过去佐伯女士曾经有一段时间谜一般的失踪了，这里隐藏着卡夫卡所认为的她可能是自己母亲的依据。卡夫卡最终与佐伯交合了，但他们究竟是真的发生了关系，还是在意识世界里发生的结合，是幻想，还是现实，小说中做了模糊处理，让读者无从判断。我想这应该是极其接近现实的一种体验。

然后是关于姐姐。樱花在出场的人物中，是一位姐姐式的人物。卡夫卡与樱花的结合，很明显是在梦中体验的。因此，可以说这虽然并非现实中有意识的行为，但是预言通过其他的形式得以一步步地实现。对卡夫卡少年而言，这是无法忍受的人生。听说卡夫卡正遭遇警察的追捕，图书馆的大岛便将他带到与自己的哥哥共有的一所山村的房子里。又把关于房子附近森林的事情告诉了他，嘱咐他可以进入森林，但不要走得太深，否则会有生命危险。卡夫卡开始进入森林时，为了容易返回，就一边走一边做记号，但是之后，他越来越难以承受自己命运的沉重，想着死了也好，于是便不再做记号，只是一味地向森林深处走去。在森林里他遇到了大岛曾提及的，在战争时期走进森林深处而死去的两位军人，并在他们的带领下，进入了所谓死的世界与生的世界的中间地带。这正是边界地带。而在此之前，佐伯女士将一些文件夹交给了中田，里面记录着她从未向他人提及的对过去的回忆，佐伯女士委托中田将这些文件全部烧毁，然后去死。而中田也在完成佐伯的委托后，安静地死去。

卡夫卡少年要顺利地完成边界体验，必须得有人承担打开和关闭进入边界入口石的工作。而知道入口石在哪里则需要智慧，将其打开需要腕力，很难有人同时拥有这两个条件。因此，作品中将这个工作安排给了中田与星野君两人一起完成。要拥有这种高深的智慧，现世中被认可的知识反而容易成为障碍，如此一来，与一切知识无缘的中田便成为绝佳人选。同时，星野君的绝世腕力，如若稍有差池，也会变为具有极大破坏性的暴力。

边界地带的周边，在现代充满了粗野的力与性。佐伯女士、中田和星野君都是其某种形式的受害者。可以说正因为如此，他们才能成为卡夫卡边界体验的助力，卡夫卡与佐伯女士之间被净化和焦点化后的性体验，正是在星野君的助力下才艰难达成的。

因此，既可以说这是一部描写一位少年完成"弑父""弑母"之后得到成长的物语，换个角度，也可以说这部物语描写了卡夫卡少年尽管背负着不寻常的命运，却又坚强地活下来的过程。这个过程中他没有发狂，也没有误入歧途，而是保持正直地活着。然而这些得以实现，是受到了某种东西的守护，而中田所代表的父亲与佐伯所代表的母亲，安静地，真的是十分安静地，理所当然地死去。当然，卡夫卡少年对他们两人的死完全不知情，他在森林中徘徊，抵达生与死的边界地带，在那里他见到了已经死去的佐伯女士。佐伯对他说："请你原谅我。"卡夫卡回答道："如果我有这个资格，我会原谅你的。"接着，佐伯又嘱咐他："你不能留在这个世界，快返回原来的世界。"然后，卡夫卡少年没有死去，而是活着回到了这个现实的世界。

在卡夫卡少年返回现实世界后，故事就结束了。在这之前，再次提及叫作乌鸦的少年——他再次出场时，小说末尾的一章，书页上方又一次出现了乌鸦装饰标识。少年曾变为乌鸦的形态与琼尼·沃克做斗争。琼尼·沃克在生与死的边界地带活着，在那里他对变为乌鸦的少年说，只要自己吹起用杀死的猫制作的笛子，便能轻易地将它赶跑。于是变为乌鸦的少年一怒之下，狠狠地啄烂了他的双眼，扯出了他的舌头。

我想这里也与俄狄浦斯的故事相对应。琼尼·沃克被杀死之后，小说里写着，无论他被杀死多少遍，他的笑声却永无止息。对此我们应如何解读，这是一个十分有意思的问题。目前，我认为这意味着无论是"弑父"，还是"弑母"，恐怕都难以完全将其杀死。即便是杀死了自己的父亲或母亲，父性以及母性仍会变换着各种形式一直存留下来。小说中的卡夫卡少年完成了各项使命，好像成长为大人，然后回到原来的世界，但我想是否可以因此理解为，他已经克服或者抹杀了所谓父性的某个侧面，对此我尚有疑问。据说村上先生在创作这部小说时，并非提前构思好了故事，而是随心而写的，似乎是任凭事物的自然发展而写就的。而且，他在接受网站采访时曾说，叫作乌鸦的少年与琼尼·沃克的决斗场景是在其他部分都写完之后加进去的。我想村上一定是经过深思熟虑才加入了这个场景，究竟是出于怎样的考量，如果见到他，我一定要问问他。当然，即便问他，或许他也不会轻易回答我吧。

四

从最单纯的视角看，这部作品可以说是关于15岁少年成年礼的一部物语，描写了少年进入异界又从异界返回，这是人在成年时非常重要的经历。青春期正是体验异界的重要时期，但是正如开头所谈及的，我想，与其将这部作品视为以15岁少年为主人公的物语，倒不如说，作品的意义在于，通过少年的视角，描写异界体验以及从异界复归的体验，也可以将它视为全体日本人的，或者说是现代人的成年礼。现代人认为靠自己的意志能做到一切，也能富裕起来，但实际上，现代人已经失去了与外物的变化以及命运之间的联系。因此，要想重新在现代活下去，现代人需要体验进入异界，然后再次回归现实世界。我认为，这部物语描写了每一个现代人都要各自经历的成年礼。在过去，经历过成年礼之后的孩子就会成长为大人。因此，唯一一次的成人仪式是十分重要的。但是，在现代，事情变得复杂多了，一次成年礼还远远不够。成长为大人不再像过去那样简单，不会因为"杀了"一次父亲，或是"杀了"一次母亲，就能成为大人。仅仅经历一次"弑父""弑母"是远远不够的。此外，应该如何理解姐姐这个在俄狄浦斯传说中并未出现过的人物，这也是一个有趣的问题。父母是比自己高一级的存在，而姐姐则不同，她是与自己处在水平关系上的存在，因此，姐姐这个人物所体现的是，如何与和自己处于水平关系的人产生联系。关于这个问题，作品中的主人公与姐姐也是借由性产生联系的，对此现代人应该如何理解呢？只有穿越无法逃避的性与暴力的世界，抵达另一个世界，之后我们才能回到原本的世界。我想这大概就是作品想要表达的意思。

还有很多问题言犹未尽，请大家自己阅读吧。或许大家会有与我完全不同的解读，我自己反复阅读后，恐怕也会产生新的理解。

忘了提及一个非常重要的情节。小说的结尾，回归到现实世界的卡夫卡少年说："要继续活下去，我还没有弄明白活着的意义呢。"乌鸦对他说："看画，聆听风的声音。"它告诉我们这样做，便会懂得人生的意义。画，换用我们的语言来说便是意象（image），也就是说要关注意象，不仅如此，还要聆听风的声音，这一点十分有趣。在我们的箱庭疗法中，便强调要十分重视观察意象，而当时我们能够聆听到多少风的声音，也是一个不可或缺的要素，否则，便无法成为一名优秀的箱庭疗法治疗师。我的讲演就此结束。

（本章为 2002 年 9 月 14 日于日本箱庭疗法学会演讲的讲稿，略做修改而成）

解　说
由"悲伤"产生的联系

岩宫惠子

大家是否知道，2016年广受好评的、由新海诚导演的动画电影《你的名字》？这部作品凭借打动人心的故事与音乐的完美结合、背景以及自然的画面之美，大受观众欢迎。自首映以来，这部电影被前来找我咨询的人不断地提及。他们说，"我看了三次""太感动了""故事情节很复杂，不过那正是电影吸引人之处啊"等等，称赞声不绝于耳。我便想，我一定要去看看。

看完之后，我发现电影中有男女在梦中互换身体的情节，这与平安时代的《兄妹易性物语》极其相似，作品在传达着被人们所遗忘的古代智慧，其实它对现代人是多么重要啊！这是一部将古代世界与现代社会相连接的作品。今天在日本，人们无论身在何处，都可以通过智能手机获取信息，彼此联系，然而处于不同的时空，真正重要的人却无法相见。面对即使利用最尖端的文明之利器也无法跨越的屏障，人们开始重视从古代社会的根源性的灵魂力量中寻求解决的途径。我想，这就是作品想要表达的主题。

当然，大多数观众所感动的并非上述内容，而是那与之擦肩而过的令人悲伤的恋爱。但是，当我听到正值青春期的咨询者告诉我，他们看了很多遍时，我深刻地感受到，他们是被作品整体表达的"与世界的联系"所打动。那个"世界"包含着他们自己做过的梦以及自古以来的传说等重要内容。他们意识到自己是在这些与世界的联系中活着的，是这一点感觉深深地打动了他们的心。

河合先生谈到民间故事中存在大量残酷的描写，其中也有"赶尽杀绝"型的人类遭遇大量杀害的故事。例如《小农夫》中，因一个农夫的话导致全村人都遭溺亡。河合先生指出这类故事的主人公很多都是"恶作剧者"式的人物。恶作剧者会说谎，捉弄人，做相当危险的事情，同时又具有神出鬼没、变幻自在等特点，会给人带来意想不到的幸运，也会给人带来极大的不幸。而且，河合先生还提到："关于恶作剧者的故事，与格林童话故事相比，日本民间故事在数量上占有压倒性的优势。"对此，河合先生认为，这是因为"恶作剧者所发挥的作用其实与'自然'本身是相同的"，所以提出了"作为恶作剧者的自然"这一观点。

我想这与日本是一个自然灾害多发的国家有一定的关系。自然赋予我们丰富的海产资源，但同时，就像之前发生的东日本大地震一样，自然也会瞬间变为恶作剧者，带来让"全村人都溺亡"的残酷的不幸，想到这些，便会痛感民间故事中发生的事情的确与现代是相通的。

曾经有一位学校的老师问我："为什么孩子们会那么喜欢残酷的民间故事呢？"那位老师告诉我，在班会活动的时间，当给孩子们读到有关残酷描写的民间故事时，就连平时不怎么认真听的孩子都会竖起耳朵专心听。但另一方面，我也经常听到反对把含有残酷内容的民间故事读给孩子听的声音。

对此，河合先生结合具体事例，指出"民间故事讲述的是产生于深层心理的真实,从这个角度来考量,便能明白民间故事中所讲述的残酷,正是发生在日常生活中司空见惯的事情"。可以说包括刚刚提到的"恶作剧者式的自然"在内,我们的日常生活与残酷的命运不过是一纸之隔。而且,河合先生还提到:"孩子们在听'残酷'的故事时,会从精神层面去认知,将其意义化为自己内在的拥有,因此,孩子就必然不会再去做残酷的事情了。而对残酷毫无免疫力的孩子,将会成为残酷的牺牲品。"

但无论怎么解释,恐怕还是有人对民间故事中的残酷情节心里有强烈的不安,他们无法理解与认同,是因为"大人越是不安,就越无法信赖孩子。很多大人并没有意识到,他们以'为了孩子'为由,将残酷的故事改编得温吞无害,这实际上是为了减轻他们自己在直面内在真实时所产生的不安"。

而且,河合先生认为,"肯定民间故事中的残酷,并不等同于肯定残酷本身",他指出:"内在真实则需要由人对人……直接讲述,才更容易传达。因而,民间故事只有在被'讲述'时才会发挥最大效果,而如果讲述者能够明确知道我在前文中所述残酷的意义,那么无论他给孩子讲述多么残酷的故事,都不会有问题。"这意味着对残酷的体验,是在大人与孩子的联系及守护下所进行的体验,只有这样,才能使这种体验转化成高深的智慧。然而,倘若孩子缺乏对这种残酷的体验,在自身孤独时去看网上的一些残虐的图片以及影像,就很容易在心灵中留下深刻的阴影。在这种意义上说,"联系"就是一种守护。

另外,将民间故事改编成绘本以及电视影像传达给孩子时,如果在孩子尚未确立内在真实之前,便通过影像将故事以一种强烈印象强加给孩子,是十分危险的,河合先生对此也敲响了警钟。他认为电视要使用适合电视播放的素材,尽可能地大量制作一些与新时代相符的故事，所以完全没有必要将那些讲述内在真实而世代相传的民间故事影像化。现在电视热播的广告里的浦岛太郎、金太郎、桃太郎，变成了一起长大的好朋友，本应被消灭的鬼也被他们亲昵地叫着小鬼儿，与他们一起玩耍，这些故事被改编成了大家都和睦相处的"好"故事……河合先生倘若看到这些，不知会作何感想。

彗星一直被人们作为美丽的天体秀来欣赏，它被认为能给人类带来幸福，而在《你的名字》中，彗星突然脱离了轨道，分裂成两半，它的碎片直接击毁了这个拥有美丽湖泊与自然风光的糸守村。"恶作剧者式的自然"会这样突然来袭，将正在欢度传统节日的村民"赶尽杀绝"，将整个村子毁灭。彗星的袭击在糸守村每过一千年就会遭遇一次。当地美丽的湖泊正是一千年前落下的陨石造就的。因为由神社流传向人们告示彗星危险的记录被中断了，村子才会再次遭遇彗星的灾害。人类为何自古以来一直代代传扬着神话以及民间故事这类毫无逻辑性及合理性可言的东西呢？可以说，这部作品向人们展示了对这个问题的一种解答。

作品中有一个场景，主人公——一位担当神职的祖母向人们宣讲："本地的土地神，我们古老的语言称之为产灵（musubi）。"她还说："系绳子称为musubi，把人联系起来称为musubi，时间流逝也称为musubi，全都使用一个词，这个词就是神的名字，它拥有神的力量。"所谓神，便是一种"联系"，语言将人与人联系起来，而我们也会感觉到自己与他人通过语言被联系在一起，这种感觉就是神。祖母用她低沉的声音解释着。想来民间故事就是用这种方式传达的吧。有个孩子告诉我，他最喜欢这个情节。我想，像影片中这种讲述民间故事的具有感染力的老人的声音，正是生活在现代的孩子们真正需要的吧（顺便补充一句题外话，"日本民间故事"系列片的解说员市原悦子，正是电影中祖母的配音演员）。

下面分享一件我的私事，因为我住在山阴地区，这里的山村虽不像电影中的糸守村那么典型，但比起都市，更接近于神话及民间故事里所描述的景象。记得小时候一到年末，"注连绳叔叔"便会开着小卡车给各家各户送来年货。从神龛需用的，到玄关、厨房甚至汽车以及自行车用的，再到挂在各处的注连绳①。从这位叔叔手里收下注连绳，交纳绳金，并互相鞠躬，祝贺新年好，这便是当时常见的年末光景。今年的腊月里"注连绳叔叔"（现在已经是相当年长的爷爷了）给我家打来电话，告诉我们因为他生病，无法结绳，所以今年不能为我们送注连绳了，并感谢我们常年的惠顾。因此，我有生以来第一次从超市的特设商品区买了注连绳。

我将从超市买来的注连绳带回家，像往年一样摆放在神龛处，反复审视，这时，心中突然泛起一种失落感，仿佛失去了某种无比重要的东西。作为一种物品，神龛处摆放的，与往年"注连绳叔叔"送来的注连绳并无太大差别。但是，总感觉失去了某种关键性的东西，这种感觉压迫着我，让我胸中发紧，愣在原地半天无法动弹。注连绳竟然带给我如此大的打击，这让我自己都很吃惊。原来，尽管每年与"注连绳叔叔"见面不过是几分钟，但他把用自家田里的稻秸秆亲手编织的绳子送到我家，我们一边说着年末的问候，一边亲手接过它，这时注连绳便成了重要的敬神的器皿。伴随着巨大的失落感觉，我理解了这才是所谓的"联系"（musubi）。

---

① 注连绳，一种界绳，一般用稻秸秆编成。它的使用，象征着神圣的界线。在日本，为阻止恶神进入神庙内，而在神像前或在举行神道仪式的场所周围使用注连绳围起来。年末人们也会在房屋门口以及家中用注连绳加以装饰，或用它祛邪洁净。——译注

这次，重读这本著作时，正是我感受到注连绳打击最强烈的时候，阅读这本书使我找到了感情的平静。因此，河合先生的思想越发使我对生活在失去重要联系的现代这一课题进行了反复的思考。河合先生是一位稀有的讲述者，将民间故事与现代这两个相距甚远的事物慎重地、耐心地做了多重层次的联结。河合先生的书，无论是哪一本，即便是阐述高深内容的著作，都有一种娓娓道来的一贯风格，我再次深刻地体会到这正是一种"联系"（musubi）。

河合先生在其专著《荣格心理学与佛教》（岩波现代文库，2010年）中提到，在非个人化的层面与他者深刻联系时所产生的情感便是"悲伤"。联系（musubi）的力量被"悲伤"支撑着。我想只有背负这种"悲伤"，才能将民间故事的世界与现代最前沿的问题结合起来。

（临床心理学研究者、岛根大学教育学部教授）

"物语与日本人的心灵"系列刊行寄语

河合俊雄

岩波现代文库最早发行的河合隼雄著作集为"心理疗法"系列，其中包括《荣格心理学入门》《荣格心理学与佛教》等著作。这些著作是河合隼雄作为心理治疗学者的专业著作，选择它们作为首发无疑是非常恰当的。其后出版的"儿童与梦想"系列，与"儿童"这一河合隼雄的重要工作领域以及荣格心理学的重要概念"梦想"有关。但是，在心理疗法的研究与实践中，河合隼雄所发展出的自己独特思想的根本乃是"物语"。因此，本系列收录了他关于"物语"的重要论著：《民间传说与日本人的心灵》与《神话与日本人的心灵》。

在心理治疗中，治疗师通常会倾听咨询者讲述的故事。而河合隼雄对物语的重视远不止于此，这是因为他在心理治疗中最关注的便是个人内心的realization倾向。之所以特地使用英语realization这个词，是因为它包含了"实现"与"领悟、觉察"这两方面的意思。物语中含有故事的发展脉络，只有物语才能体现"在理解中实现"这一事实，由此可见物语的重要性非同一般。河合隼雄晚年与小川洋子有过一次对谈，其对谈题目为《活着，就是创作自己的物语》，这个题目便生动地揭示了物语的本质。

物语对于河合隼雄的人生具有重要意义。河合隼雄从小在美丽的大自然中长大，但这并不妨碍他沉迷于书的海洋，尤其是物语的世界。有意思的是，他虽然喜欢物语，却不擅长文学。在其少年至青年时代，他一味埋头于西方的物语，而"物语与日本人的心灵"这个系列所探讨的则主要是日本的物语。"二战"结束后，他将梦境分析等方式运用于心理治疗的实践，并对自身做心理分析。这一工作促使他不得不重新审视曾一度十分厌恶的日本物语与神话。后来，在日本从事心理治疗的过程中，他不断地认识到，日本物语作为存在于日本人内心深层的、最古老的文化传统因素，其地位何等重要。于是，多部关于物语的著作应运而生。

本系列中的《民间传说与日本人的心灵》，是河合隼雄在专业领域的里程碑式著作。此前，他的工作重点是致力于将西方的荣格心理学介绍到日本，1982年此书出版，标志着他独具特色的心理学体系问世。该书通过民间故事来分析日本人的心灵，荣获大佛次郎奖，确立了河合隼雄在心理学领域内外不可动摇的学术地位。

与此著作并列的《神话与日本人的心灵》，是以他为取得荣格派心理分析学者资格，于1965年用英语写作的论文为基础，经过近四十年的打磨，又增加了"中空构造论"与"水蛭子论"，于2003年时值75岁时写就。从这个意义上看，这部著作堪称河合隼雄的集大成之作。

随着对物语的关注，河合隼雄认识到中世时期，尤其是中世时期的物语对分析日本人的心灵意义重大，并开始将其纳入研究视野。《物语人生：今者昔、昔者今》这本书就包含了《源氏物语与日本人：紫曼荼罗》以及对《宇津保物语》《落洼物语》等中世物语的研究。

与之相对应,《民间传说与现代》《神话的心理学》两部著作则聚焦于物语的现代性。被列入"心理疗法"系列的著作《生与死的接点》,其第二章论述了"民间传说与现代"的主题,但因篇幅所限,有些内容被割舍。《民间传说与现代》一书即以此内容为中心,主要探讨了"片子"(半人半鬼的小孩)物语,河合隼雄认为"片子"的故事承接了前述被流放的水蛭子神的主题。故事展开的部分可以说是本书的压卷章节。而《神话的心理学》原载于《思考者》(『考える人』)杂志,连载时的题目原为《诸神处方笺》,如题所示,它试图通过对神话的解读,来理解人的心灵。

本系列几乎囊括了河合隼雄关于物语的全部重要著作,未能收入的重要作品还有《易性:男与女》(新潮选书)、《解读日本人的心灵:梦、神话、物语的深层》(岩波现代全书)、《童话故事的智慧》(朝日新闻出版),若有需要,敬请参照阅读。

值此系列出版之际,谨向给予大力配合的出版发行机构小学馆、讲谈社、大和书房等,以及出版事务负责人猪俣久子女士、古屋信吾先生表示衷心感谢!同时,对百忙之中拨冗为各卷撰写解说的每一位作者,以及担任企划、校对的岩波书店中西泽子女士、原主编佐藤司先生表示深深的谢意!

2016 年 4 月吉日